DAVID COEN

SMARTPHONE FACILE

Guida di base all'utilizzo dello smartphone per servirsene evitando rischi e pericoli in rete, sui social network e con le app scaricate

REVISIONE A CURA DI BRUNILDA ELMAZAJ

Seconda edizione © 2019 David Coen | davidcoen.it

Sommario

PREMESSA

L'obiettivo di questa guida è imparare ad usare il cellulare, appassionarsi e servirsene evitando eventuali rischi e pericoli navigando in rete e utilizzando le applicazioni (app) scaricate.

Queste "istruzioni per l'uso" sono basilari nel senso proprio del termine, non banali o elementari: come le fondamenta di una casa reggono tutta la struttura, così una buona base nell'utilizzo dello smartphone e della rete vi offre l'opportunità di migliorare nel tempo e avere un controllo approfondito del vostro dispositivo.

Quindi capacità, sicurezza e predisposizione ad affrontare con spirito critico tutte le informazioni che provengono dal web.

Comprenderemo quanto sia importante il controllo delle fonti, per non essere spettatori passivi a tutto ciò che vediamo all'interno delle nostre bacheche dei social. Capiremo come stare alla larga dalle truffe informatiche e dai programmi malevoli che potrebbero venir installati nel nostro smartphone.

Grazie anche a degli esempi, capiremo come il concetto di privacy in Italia sia largamente travisato. E infine smetteremo di disperare nel caso ci capitasse di smarrire il nostro telefono, perché avremo degli strumenti per cercare di ritrovarlo velocemente.

Durante la lettura potresti trovare termini tecnici non sempre comprensibili, ma non temere: recandoti alla fine del libro hai a disposizione un comodo glossario dei termini più frequentemente utilizzati.

In questa guida vengono affrontati argomenti non sempre correlati, quindi il mio suggerimento è di utilizzarla in modo non lineare. Volete saltare un argomento perché non vi interessa o lo conoscete già bene?

Raggiungete l'indice e sceglietene un altro!

Andiamo dunque a iniziare questa guida, con l'augurio che possiate trovarla semplice, interessante ma soprattutto utile.

Introduzione

Approccio all'apprendimento: i bambini insegnano

Avete notato come le nuove generazioni siano naturalmente predisposte all'utilizzo degli smartphone e dei dispositivi multimediali in generale?

Questa distanza (gap) generazionale viene studiata dai sociologi e vede molte teorie elaborate nel tentativo di spiegarla.

Io ho una teoria molto più banale: effettivamente gli smartphone sono a prova di bambino.

Non prendetela come un'offesa! Se avete tra le mani questa guida è perché probabilmente trovate il loro utilizzo complesso o comunque non così semplice come sembra. Sto forse dicendo che un bambino è più scaltro di voi? Certo che no.

Quello che sto suggerendo è di modificare il vostro approccio all'utilizzo dello smartphone e dunque all'apprendimento.

Cosa significa?

Prima ancora di iniziare questa guida vi do un suggerimento che potrete seguire anche quando sarete utilizzatori esperti: cercate di utilizzare il cellulare come se foste bambini.

Dimenticate che avete tra le mani un dispositivo altamente tecnologico e pensate di dover impartire i comandi allo smartphone come un bambino impartisce comandi a un gioco di forme e oggetti (avete presente quel gioco in cui gli oggetti geometrici vanno fatti combaciare a una forma geometrica?).

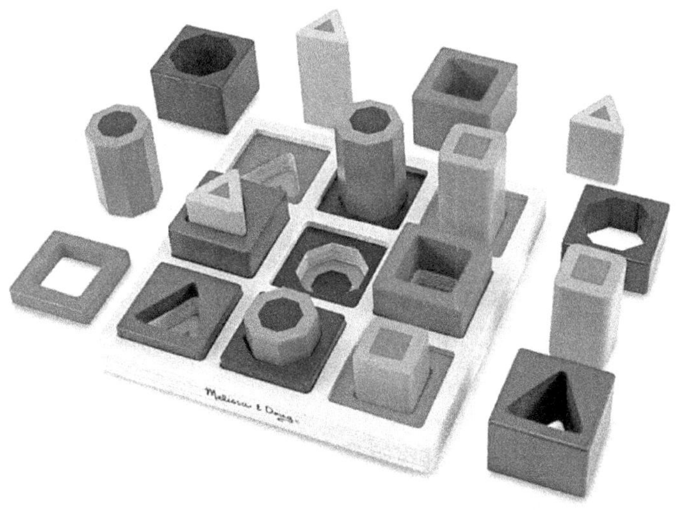

Figura 1.

Uno smartphone è realizzato proprio così: ogni azione è suggerita da un elemento grafico e ad ognuna corrisponde una reazione (in inglese feedback).

Ecco perché un bambino trova logico premere un'icona per aprire un gioco, strisciare il dito sullo schermo per cambiare schermata, cliccare il tasto play (a forma di triangolo) quando vuole vedere un video o ascoltare un brano musicale e toccare la cornetta verde quando vuole rispondere a una chiamata.

Non ragionate troppo nell'utilizzo base dello smartphone. Siate un po' bambini!

1.   Che cos'è lo smartphone

Uno smartphone è dispositivo cellulare ad alte prestazioni, paragonabile ad un vero e proprio computer portatile.

1.1   Comparazione tra smartphone, feature phone e cellulare classico

Un telefono cellulare classico è tipicamente un dispositivo che ci permette di effettuare chiamate per l'appunto su rete cellulare, ma oltre alle chiamate ha delle funzioni limitate: ci permette di inviare SMS, salvare dei contatti e degli appunti in un'agenda basilare, e alle volte ha qualche funzionalità aggiuntiva, come ad esempio, una calcolatrice, dei giochi non complessi e poco altro.

I Feature phone invece, oltre a fornire le funzioni di un cellulare classico, hanno anche delle capacità multimediali aggiuntive, una connessione a Internet con la possibilità di navigare in versioni semplificate dei siti web, e altri servizi offerti dall'operatore telefonico o dall'azienda produttrice del dispositivo.

Figura 2. A sinistra il classico e mitico 3310, a destra un feature phone Blu

1.2 Breve storia con evoluzione degli attuali cellulari smartphone

1.2.1 Termine e primo vero smartphone

Il termine "smartphone" apparve nel 1997 quando la Ericsson descrisse il suo GS 88 "Penelope" uno Smart Phone, ossia un telefono intelligente.

Il primo vero dispositivo considerabile smartphone però è il Simon progettato dalla IBM nel 1992 e commercializzato dalla BellSouth a partire dal 1993. Simon non aveva la tastiera fisica, ma un grande schermo touch. Faceva da fax, da cercapersone, aveva il calendario, la calcolatrice, l'orologio, poteva anche mandare email ed aveva un videogioco precaricato [1].

Uno smartphone, non è un dispositivo isolato; per funzionare in modo completo deve essere connesso alla rete Internet.

1.2.2   Com'è fatto uno smartphone?

A livello di estetica, a parte qualche raro caso, gli smartphone si assomigliano un po' tutti. Tutti hanno uno schermo sensibile al tocco (touchscreen), dei tasti fisici o virtuali, una scocca in plastica o metallo, e delle porte per le varie connessioni (ad es. jack per le cuffie) e per la ricarica delle batterie. Ciò che effettivamente differenzia uno smartphone da un altro è il comparto tecnico, ossia la circuiteria e i componenti presenti al suo interno (hardware) che possono essere più o meno prestazionali, e il software, la cui rappresentazione fondamentale è data dal sistema operativo.

1.3   Sistemi operativi

Che cos'è un sistema operativo (S.O.)?

Un sistema operativo (abbreviato in S.O., in lingua inglese OS, "operating system"), in informatica, è un *insieme di componenti software*, che stanno alla base del nostro dispositivo, che lo rendono operativo. Computer, apparati e dispositivi informatici per funzionare hanno bisogno di questo software di base.

I sistemi operativi più diffusi sugli smartphone sono tre: Android, iOS, Windows Phone

Nel mondo degli smartphone (come in quello dei PC) alcune aziende adottano un sistema operativo unico con lievi modifiche (Android e in misura minore Windows Phone) e altre invece utilizzano il loro sistema operativo creato ad hoc (Apple con iOS sugli iPhone) e non installabile su dispositivi non prodotti dalla casa madre.

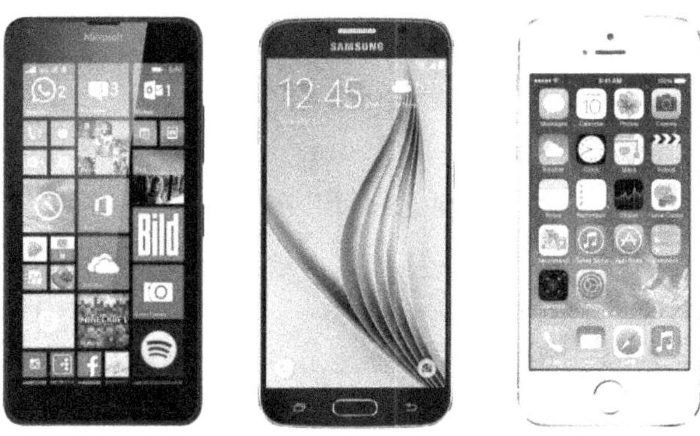

Figura 3. A sinistra uno smartphone con S.O. Windows Phone, al centro un Samsung con Android, a destra iPhone con iOS

1.3.1   Un parallelismo: l'ambiente dell'ufficio visto come il nostro smartphone

Immaginiamo che il sistema operativo sia un ufficio e che esistano tre tipologie di ufficio principali nel mondo: le caratteristiche generali sono simili, infatti tutt'e tre gli uffici hanno una scrivania (*desktop*), una libreria (*gestione dei file, esplora risorse*), una macchina da scrivere (*Word e programmi di videoscrittura*), ma tutti questi elementi appartengono a uno specifico ufficio. Non possiamo portare la nostra libreria in un altro ufficio a meno di non modificarla nella sua struttura per poterla adattare all'altro ambiente.

I documenti (i nostri file) invece li possiamo portare da un ufficio all'altro purché ci sia lo strumento adatto a contenerli o a leggerli.

Gli elementi dell'ufficio sono in informatica le applicazioni, dette anche software oppure, negli smartphone, app. Le app non possono infatti essere utilizzate in sistemi operativi differenti a meno che non vengano scritte apposta per quel sistema. Ad esempio è possibile usare Facebook su tutti e tre i sistemi mentre Google Play Music, per citare un'app, può essere usato solo su Android e iOS.

Il sistema più diffuso al mondo è Android di Google per via della sua capacità di adattarsi a dispositivi di varia natura e di diverse capacità tecniche. Lo troviamo su smartphone molto costosi, detti top di gamma, e su dispositivi molto economici. Questo ha permesso la sua diffusione anche in paesi economicamente più deboli e facilitato anche lì le comunicazioni. Windows Phone, il S.O. di casa Microsoft, è considerato ormai dismesso.

Approfondiamo la conoscenza di Android data la sua diffusione ma non tralasciamo gli altri dispositivi, comunque ormai molto simili per funzionalità e modi d'uso.

Android nella sua versione base, così come esce dai laboratori Google, viene definito stock.

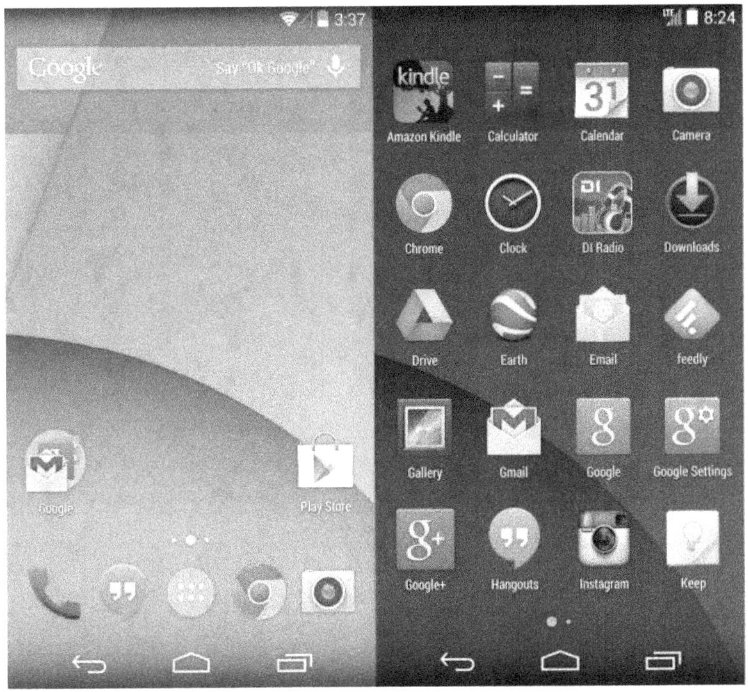

Figura 4. Interfaccia stock di Android KitKat

Le aziende produttrici di smartphone tendono a personalizzare il sistema operativo applicando un'interfaccia e delle funzionalità proprietarie (dette

17

custom), ma la base rimane lo stesso sistema operativo che si ha negli smartphone di casa Google.

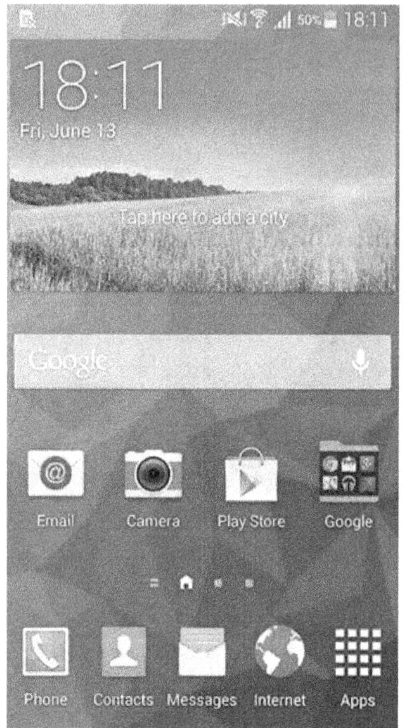

Figura 5. A sinistra l'interfaccia di Samsung (TouchWiz) a destra Android stock

1.4 SIM CARD, definizione e inserimento

La SIM CARD, o carta SIM, è sostanzialmente composta da un chip elettronico e da uno scheletro di PVC. Va inserita all'interno dello smartphone rimuovendo il retro di quest'ultimo, oppure, nei modelli più recenti, facendo uscire un carrellino per mezzo della punta di una clip.

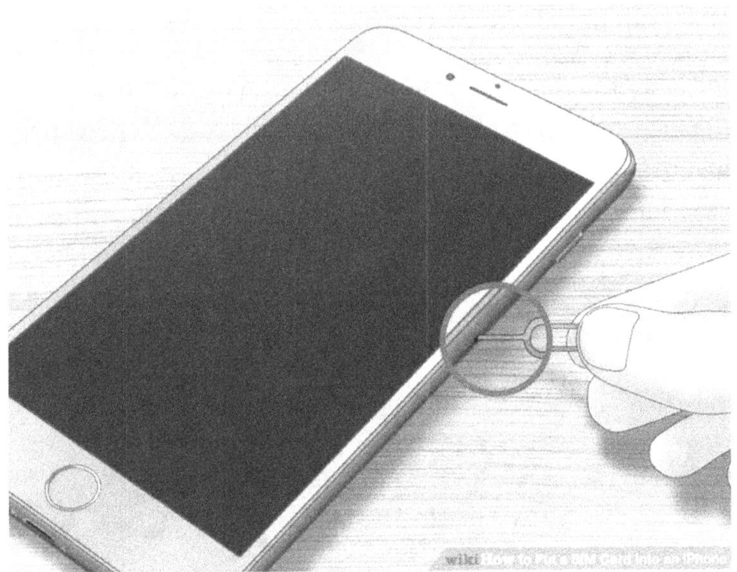

Figura 6. Slot SD

La SIM permette all'operatore telefonico di associare il dispositivo mobile in cui è inserita al profilo di un determinato cliente dei propri servizi di telefonia mobile. Quindi è legata a un numero di telefono specifico.

Oltre a questo, ha una memoria, quindi permette di memorizzare i numeri di telefono dei nostri contatti.

Ma quali tipi di SIM esistono?

Inizialmente le SIM erano contenute in una tessera di plastica della grandezza di una carta di credito che veniva inserita tutta all'interno dei cellulari. Ora il formato standard è il Mini SIM ma sono sempre più diffusi il formato Micro e quello Nano, questo perché la miniaturizzazione delle componenti degli smartphone ha portato a ridurre anche le schede SIM.

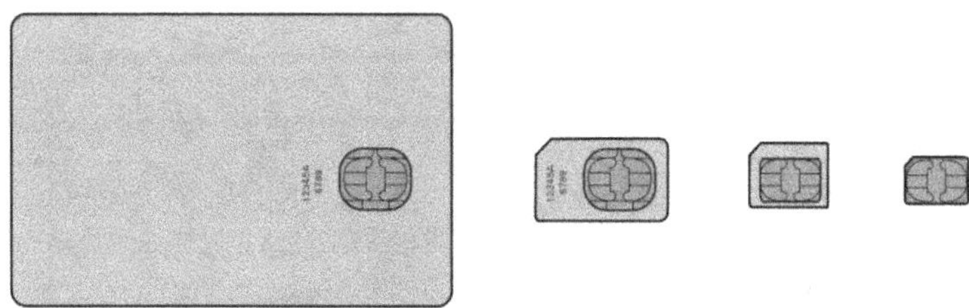

Figura 7. Da sinistra a destra, SIM Card, MINI, MICRO, NANO

Quindi quando compriamo uno smartphone assicuriamoci di avere la SIM giusta e se non ce l'abbiamo chiediamone una in un punto vendita del nostro operatore telefonico.

1.5   Accensione

L'accensione dello smartphone avviene tramite la pressione prolungata di un tasto fisico, solitamente presente in un lato del dispositivo o in alto. Lo smartphone potrebbe in alcuni casi emettere una vibrazione o una melodia e sullo schermo potremmo vedere l'icona di android o dell'operatore telefonico che ha marchiato (brandizzato) il cellulare.

Quando accendiamo lo smartphone per la prima volta dovremmo inserire tutta una serie di dati per personalizzare l'esperienza utente tra cui la lingua e alcuni nostri dati personali. Tra questi, il più importante è sicuramente la mail, che, per i sistemi operativi Android, è quella del nostro account su Google. Perché è importante? Perché senza questa non potremmo scaricare e acquistare articoli (applicazioni, ma anche film, musica e quant'altro) dall'app Google Play Store.

Solitamente la mail legata ai servizi Google è composta da nomescelto@gmail.com. E se non abbiamo ancora un account Google? Lo creiamo!

1.6   Creazione di un account Google

Quando il sistema ci chiederà: "Vuoi aggiungere un account esistente o crearne uno nuovo?", noi cliccheremo su Nuovo. Ora dovremo compilare i dati richiesti digitando il nome e il cognome, poi il nome utente che si vuole usare per accedere all'account e infine la password. Possiamo usare un nome utente composto dai nostri veri nome e cognome oppure uno di fantasia. Il nostro account sarà dunque nomescelto@gmail.com. Qualora il nome scelto non fosse disponibile perché già preso, il sistema potrebbe fornirci delle alternative che potremmo accettare o meno. Ad esempio, nel mio caso, david.coen@gmail.com non è disponibile a causa di un altro omonimo, quindi posso optare per david.coen seguito da un numero, o dal mio anno di nascita. Come password è consigliabile inserirne una che sia facilmente ricordabile ma che dia anche un livello di protezione adeguato: evitiamo dunque password del tipo "12345" o "qwerty" o date di nascita (ad es. 11121988), ma scegliamo una parola contenente caratteri minuscoli e maiuscoli, ma anche lettere e numeri. Un esempio? Ipotizziamo di aver scelto la parola "giallo"; potremmo scrivere la password "Giallo1" oppure "giallO!" e così via.

È fondamentale possedere un account legato ai servizi Google?

Per poter utilizzare completamente lo smartphone purtroppo sì, perché ci sono contesti, come ad esempio l'installazione di un'applicazione, che lo richiedono.

Al termine della configurazione, ci si potrebbe presentare davanti agli occhi una "schermata di sblocco". Questa impedisce che il cellulare venga toccato inavvertitamente ma serve anche per questioni di sicurezza: è infatti possibile inserire una password, un pin, una sequenza da eseguire o un altro sistema di blocco (impronta, ecc.). Vedremo queste protezioni più avanti.

Di solito lo smartphone va sbloccato con uno scorrimento detto swipe (o verso un lato o verso l'alto). Una volta eseguito ci ritroviamo davanti la nostra scrivania (desktop), sulla quale abbiamo delle icone che rappresentano i programmi (da ora chiamati app), già presenti nel nostro cellulare.

Solitamente abbiamo già installate l'app telefono, l'app per gli SMS, l'app contatti (con la rubrica), un calendario, e un browser (ossia un'app per navigare su Internet). Potrebbero essere disponibili molte più app, a seconda delle decisioni prese dall'azienda produttrice.

1.7   Gesture

Cosa sono?

Per gesture in ambito smartphone e affini si intende l'uso di gesti con le dita o con la mano sullo schermo tattile (o a distanza in alcuni sistemi) al fine di avviare specifiche azioni sul dispositivo.

Lo smartphone ha come principale caratteristica quella di non necessitare di tastiera fisica, quindi per far sì che il sistema operativo riconosca le istruzioni fornite dall'utente, i programmatori hanno ideato tutta una serie di gesture più o meno intuitive, che possono anche variare a seconda del modello di telefono utilizzato.

Esistono però delle gesture ormai universali, riconosciute come intuitive e dunque utilizzate su dispositivi prodotti da aziende differenti e con diverso sistema operativo.

Le principali gesture che andiamo qui ad analizzare sono:

- **Tap**. Tocco breve sulla superficie dello schermo, da realizzare con un dito.

- **Doppio tap**. Doppio tocco sulla superficie dello schermo, da realizzare con un dito e a distanza di tempo ravvicinata (nell'ordine dei 15-20 centesimi di secondo).

- **Spread**. Posizionando due dita ravvicinate tra loro sullo schermo le andiamo ad allargare. Tipicamente utilizzato nello zoom in delle foto (per aumentare l'ingrandimento). Erroneamente definito anche "Pinch to zoom".

- **Pinch**. Posizionando sullo schermo due dita distanti tra loro, le andiamo ad avvicinare come per simulare un pizzicotto sul monitor. Tipicamente utilizzato per lo zoom out sulle foto (per ridurre l'ingrandimento).

- **Drag**. Tocco fisso sulla superficie dello schermo in corrispondenza di un elemento (ad es. l'icona di un'app), e trascinamento senza lasciare il contatto con il monitor.

- **Swipe**. Trascinamento dello schermo da destra a sinistra, da sinistra a destra, dall'alto al basso o viceversa.

- **Rotate**. Tocco fisso della superficie dello schermo con due dita e rotazione delle stesse in senso orario o antiorario. Tipicamente pollice e indice.

Esempi

1. Immaginiamo di voler aprire un'app presente sul desktop del nostro dispositivo. Quello che dovremmo fare è un unico semplice e rapido tap. Non teniamo premuto per più di 30 centesimi di secondo perché altrimenti attiveremo un'altra azione; ad es. modalità di spostamento delle icone, o funzioni aggiuntive nel caso di iOS.

2. Vogliamo spostare un'icona da un punto all'altro del nostro schermo? Su Android facciamo un drag. Teniamo

l'icona premuta e dopo poco meno di un secondo potremo spostarla, sempre tenendo in pressione l'icona.

3.   Vogliamo zoomare su una foto presente in galleria. Dopo aver aperto l'immagine con un tap, usiamo il comando spread. Se vogliamo ridurre l'ingrandimento usiamo il pinch.

4.   Vogliamo spostarci dalla home del nostro dispositivo a un'altra schermata, per cercare l'icona di un'app. Usiamo lo swipe verso sinistra: partendo dalla destra dello schermo, strisciamo il dito verso la sinistra.

5.   Vogliamo girare l'orientamento di una mappa che stiamo consultando in Google Maps. Useremo il comando rotate: mettiamo pollice e indice sulla mappa e rotiamo in senso orario o antiorario.

6.   Stiamo navigando nell'app gestione file dello smartphone (analoga a "esplora risorse") e vogliamo aprire un file. A seconda del dispositivo potrebbe essere necessario un tap o un doppio tap. Proviamo prima con il tap e se non funziona usiamo il doppio tap.

7.   Stiamo scrivendo un messaggio e vogliamo utilizzare tutte lettere maiuscole. Facciamo un doppio tap sul simbolo "maiuscola" (la freccia verso l'alto di solito posizionata alla sinistra della Z).

Occhio alle tempistiche!

Prendiamo l'ultimo esempio. Il tempo tra un tocco e l'altro fa la differenza tra un doppio tap e due tap o, in italiano, un doppio tocco e due tocchi. Se facciamo doppio tap attiviamo il blocco maiuscole (caps lock), se facciamo due tocchi semplicemente attiviamo e disattiviamo la singola lettera maiuscola. Provare per credere!

1.8   Tasti nella barra di navigazione

Una volta sbloccato il telefono avremo sotto il desktop dei tasti (fisici o virtuali) chiamati tasti di navigazione, che giacciono appunto sulla barra di navigazione. Alcuni telefoni non hanno una barra di navigazione perché i tasti sono inseriti nello spazio sotto lo schermo.

Questi tasti sono solitamente tre: tasto centrale detto Home, tasto Back e tasto Multitasking (o con altre funzioni). Non lasciatevi spaventare dai nomi, dato che adesso vi spiegherò cosa significano.

Il tasto Home è il tasto principale del dispositivo e permette (caratteristica comune a tutti gli smartphone) di recarsi alla prima schermata del desktop, detta appunto schermata Home.

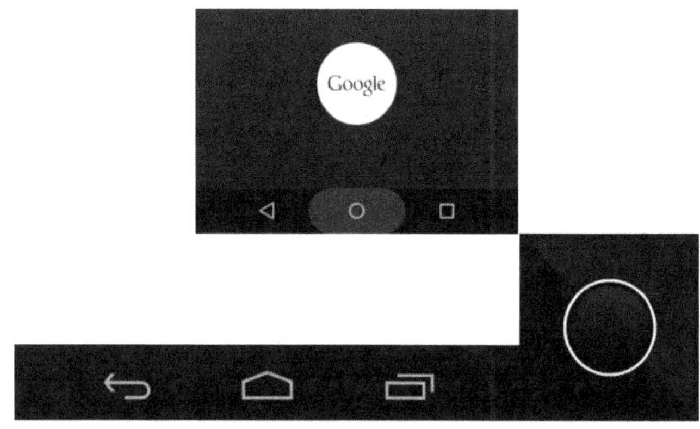

Figura 8. Tasti della barra di navigazione

Il tasto Back (in italiano significa "indietro"), serve per tornare indietro quando navighiamo su Internet, oppure per tornare alla schermata precedente di un'app, e in alcuni casi per chiudere (o meglio ridurre) l'app.

Figura 9. Tasto Back

Il terzo tasto in genere permette di vedere le app attualmente aperte ma nascoste ("ridotte"). Ogni tanto è buona consuetudine cliccare su questo tasto e chiudere definitivamente una o più app che non stiamo utilizzando facendo uno swipe verso un lato o verso l'alto (dipende dal dispositivo), oppure cliccando su "chiudi tutto". Questo terzo tasto potrebbe essere associato anche a un'altra funzionalità, che possiamo scoprire cliccandoci sopra o ricorrendo al libretto d'istruzioni dello smartphone.

Figura 10. Tasto Multitasking

1.9   Toggle rapidi

I toggle sono dei collegamenti a funzioni o programmi dello smartphone che si trovano all'interno del pannello delle notifiche. Vengono definiti anche "scorciatoie". Per raggiungere i toogle basta fare uno swipe verso il basso dal lato alto dello schermo a telefono sbloccato. Possiamo raggiungere i toggle in qualsiasi schermata.

Di solito nel pannello dei toggle troviamo l'icona del Wi-Fi e dei dati mobili (per attivare o disattivare la connessione Internet), l'icona del bluetooth e del GPS, l'icona per attivare o disattivare la rotazione dello schermo e quella della modalità aereo (per disattivare le connessioni). Possono esserci altre icone a seconda del modello di smartphone e potrebbe anche essere possibile modificare la loro posizione o decidere quali visualizzare.

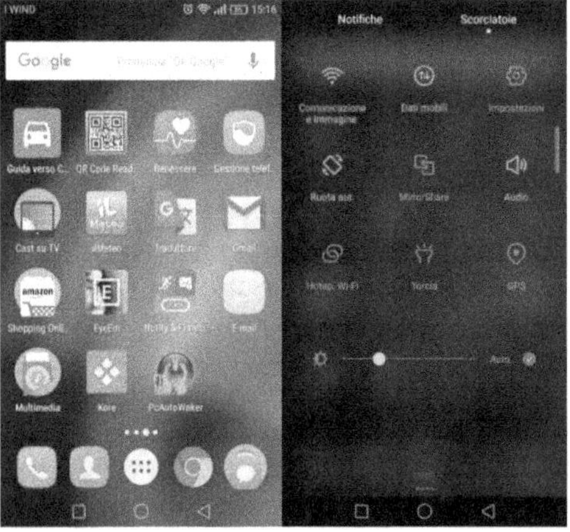

Figura 11. Basta uno swipe verso il basso per raggiungere i toggle rapidi

1.10   Nuovo contatto in rubrica

I numeri di telefono dei nostri conoscenti, amici e familiari, vanno inseriti in Rubrica. Gli smartphone permettono di aggiungere a questi numeri altre informazioni: le persone dunque vengono definite "contatti" all'interno della rubrica del dispositivo.

Per aggiungere un nuovo contatto ci rechiamo nella Rubrica, che solitamente è rappresentata da un'icona a forma di persona.

Figura 12. Le icone possono differire ma rappresentano tutte la Rubrica

Qui dovremmo vedere un tasto a forma di "+" oppure un chiaro riferimento all'aggiunta del tipo "Nuovo contatto" o "Aggiungi un nuovo contatto".

Fatto questo ci ritroveremo nella scheda del nuovo contatto, in cui potremo inserire tutta una serie di dati tra cui il nome e il cognome, ma anche l'occupazione, i numeri di telefono, le email ed eventuali altre informazioni che possono variare da dispositivo a dispositivo.

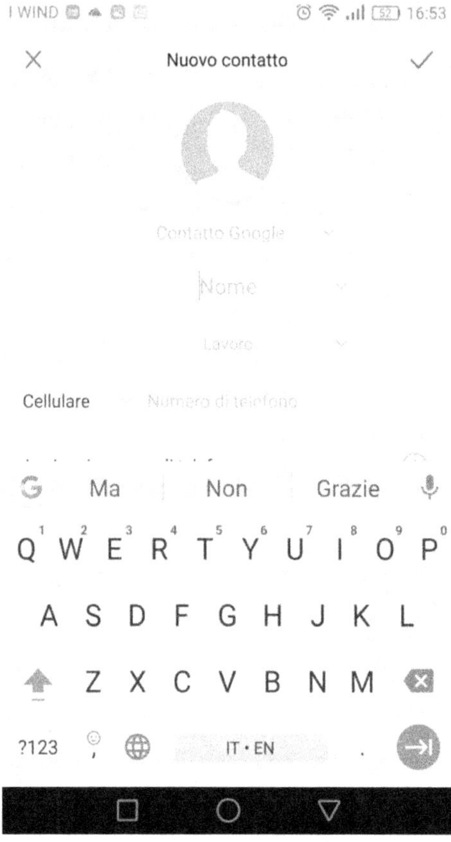

Figura 13. Aggiunta di un contatto

Una volta inserite le informazioni che riteniamo opportune possiamo confermare la creazione cliccando sul simbolo a forma di "V" (o altro simbolo confermativo). Se invece vogliamo annullare l'operazione cliccheremo sul simbolo a forma di "X" (o altro simbolo di negazione).

Avete notato che sotto la foto del contatto c'è scritto contatto Google?

Questo perché ho deciso di salvare il mio nuovo contatto anche all'interno della rubrica di Google e non sulla scheda SIM. Il vantaggio è chiaro: salvare il contatto sulla scheda SIM ci costringe ad essere legati a un supporto fisico che, nel caso di smarrimento del telefono o di cambio di SIM (ad esempio per un cambio di operatore telefonico), ci porterà a perdere tutti i nostri contatti salvati!

Se invece salviamo il contatto su Google, qualora cambiassimo o smarrissimo il cellulare sarà facile ritrovare i nostri contatti in rubrica: basterà inserire l'indirizzo mail di Google che avevamo usato nel precedente telefono e tutti i nostri contatti verranno scaricati in automatico nel nuovo dispositivo.

Figura 14. Salvataggio su Google

Il mio consiglio è quindi quello di cercare questa opzione nel menù della Rubrica così da essere sicuri di poter ripristinare il tutto inserendo semplicemente la nostra mail nel momento in cui impostiamo lo smartphone per la prima volta.

1.11   Aggiunta di un'app

Possiamo aggiungere altre app a quelle già presenti al momento della prima accensione del dispositivo, recandoci nel "negozio di app" di Google, chiamato Play Store, la cui icona ricorda una busta di carta con un simbolo play sopra. Qualora possedessimo uno smartphone Apple (l'iPhone) utilizzeremo l'App Store; con i dispositivi di Microsoft (Windows Phone), cliccheremo sul Windows Store.

Ricordate quando ho detto che uno smartphone non è un dispositivo isolato e che per funzionare in modo completo deve essere connesso alla rete Internet?

Ebbene, lo vediamo in questa circostanza: **per poter scaricare nuove app abbiamo bisogno di essere connessi ad Internet.**

1.12   Che cos'è Internet?

Internet, come dice il nome stesso (net significa rete), è una rete di interconnessione fra dispositivi. Semplifichiamo dicendo che è un collegamento globale tra dispositivi di varia natura (ad es. gli smartphone ma anche altri macchinari) che condividono dati e informazioni l'un con l'altro. Accedere ad Internet significa quindi andare a collegarci con altri dispositivi e poter usufruire di un canale di comunicazione dalle enormi potenzialità.

1.13   Come ci connettiamo?

Abbiamo due possibilità, o tramite Wi-Fi, ossia tramite una rete domestica o aziendale senza fili, che viene concessa a tanti dispositivi, o tramite 3G/4G, ossia una rete mobile, fornita dal nostro operatore telefonico (Tim, Wind, Vodafone, ecc.) e che è a consumo o ad abbonamento. Recentemente è stato introdotto lo standard 5G che andremo ad approfondire più avanti, nel capitolo dedicato.

La differenza tra la connessione Wi-Fi e quella 3G/4G sta appunto nel fatto che la prima è la linea Internet di casa (o dell'azienda), è solitamente a contratto con pagamento mensile o bimestrale, è tendenzialmente senza limiti di traffico (possiamo navigare quanto vogliamo, guardare video e ascoltare film senza paura che la linea di colpo finisca), ed è disponibile per più dispositivi. La rete mobile, invece, è solitamente a traffico limitato (lo consumiamo navigando sul web, vedendo video, ascoltando musica, ecc.), a tariffa mensile (o di durata 28 giorni), ed è legata alla singola scheda SIM, permettendo il collegamento a Internet ad un unico dispositivo, a meno che questo non "presti" la sua rete ad altri, svolgendo la funzione di modem (il cosiddetto hotspot, tecnica del tethering).

Fate quindi attenzione a usare il dispositivo ricordandovi del consumo della rete mobile. Guardando spesso film o ascoltando molta musica online potreste rischiare di consumare tutto il traffico, i cosiddetti giga (gigabyte, GB), unità di misura della quantità di dati.

1.14   Installazione di un'app

Immaginiamo di voler installare un'app per prendere delle note, e dare la capacità al nostro dispositivo di fungere da blocco note. Apriamo la nostra app Play Store, tocchiamo (tap) la barra in alto nella quale vediamo il nome Google Play e scriviamo "note". Il sistema ci darà dei risultati compatibili con la nostra ricerca. Clicchiamo su una delle app, ad es. Google Keep, e clicchiamo su installa. Il sistema potrebbe chiederci di approvare delle autorizzazioni, soprattutto se l'app fornirà in futuro delle notifiche, o interagirà con il nostro sistema in altri ambiti (controllo della rubrica, gps, ecc.). Diamo l'ok.

Una volta terminata l'installazione, potremmo fare click su "apri" oppure, se abbiamo toccato il tasto Home per tornare alla nostra scrivania, troveremo una nuova icona sia sulla scrivania che sul menù del dispositivo.

1.15   App a pagamento

I programmatori impiegano molto tempo e risorse per creare le app, e quindi può accadere che vogliano fare profitto. Come dar loro torto!

Ecco quindi che sul Play Store potremmo vedere delle app a pagamento; alle volte le stesse app che scarichiamo gratuitamente sono delle versioni demo, o comunque limitate nelle funzioni, di app a pagamento. Potremmo provare la versione gratuita e poi decidere di acquistare quella a pagamento e riconoscere così un giusto contributo al creatore dell'app.

Per acquistare su Play Store dovremmo associare al nostro account Google un sistema di pagamento. Qui di seguito vedrete la guida fornita da Google su come aggiungere, rimuovere o modificare un sistema di pagamento sul vostro account Google[2].

Aggiungere un metodo di pagamento

1. Apri l'app Google Play Store .
2. Tocca Menu > **Account** > **Aggiungi metodo di pagamento**.
3. Segui le istruzioni sullo schermo.
4. Il nuovo metodo di pagamento viene aggiunto al tuo account Google.

Rimuovere un metodo di pagamento

1. Apri l'app Google Play Store .
2. Tocca Menu > **Account**.

3. Tocca **Altre imp. di pagamento** nella sezione Metodi di pagamento.

4. Se richiesto, accedi alla pagina payments.google.com

5. Individua il metodo di pagamento che desideri rimuovere.

6. Tocca **Rimuovi > Rimuovi**.

Il metodo di pagamento viene rimosso dal tuo account Google.

Modificare un metodo di pagamento

1. Apri l'app Google Play Store .

2. Tocca Menu > **Account**.

3. Tocca **Altre imp. di pagamento** nella sezione Metodi di pagamento.

4. Accedi al tuo account di payments.google.com.

5. Tocca il metodo di pagamento che desideri modificare.

6. Tocca **Modifica**.

7. Apporta le modifiche e tocca **Salva**.

Modificare il metodo di pagamento durante un acquisto

1. Apri l'app Google Play Store .

2. Apri la pagina dei dettagli di un articolo a pagamento.

3. Tocca il prezzo e controlla le autorizzazioni dell'app.

4. Accanto al prezzo, tocca la freccia rivolta verso il basso > **Metodi di pagamento**.

5.   Seleziona uno dei metodi di pagamento esistenti oppure aggiungine un altro.

6.   Completa l'acquisto.

Nota. Se aggiungi un metodo di pagamento nel momento in cui effettui un acquisto, il metodo viene salvato nel tuo account.

1.16   Navigazione sul web

Lo smartphone, come il PC e altri dispositivi connessi a Internet, permette di navigare sul web tramite l'utilizzo di un'app chiamata browser. Tipicamente, in ambiente Android, il browser predefinito è Google Chrome, ma potrebbe esserne presente un altro, come ad es. Opera oppure uno di fabbrica soprannominato semplicemente Internet.

Qualora non fosse presente, consiglio di scaricare Chrome dal Play Store, o in alternativa il browser Brave, una versione ottimizzata di Chrome che permette di bloccare in automatico gran parte dei pop-up.

Alla prima apertura, Chrome ci mostra una casella di ricerca: possiamo inserire i termini di ricerca desiderati o gli indirizzi delle pagine web (es. www.facebook.it).

Se durante la navigazione volessimo eseguire un'altra ricerca, potremo farlo semplicemente inserendo il termine di ricerca nella barra degli indirizzi presente in alto.

Se volessimo eseguire una nuova ricerca ma senza chiudere la pagina attuale, sarà necessario aprirne un'altra. Le nuove pagine vengono definite "schede": clicchiamo sul menù (i tre puntini verticali) e selezioniamo "Nuova scheda".

In alternativa possiamo cliccare sull'icona a forma di quadrato in alto a destra e poi sul simbolo "+". Come potrete notare, all'interno del quadrato compare il numero 2, ad indicare che abbiamo due schede attive.

Più schede apriamo, maggiore è la quantità di memoria occupata da Chrome, quindi è buona norma pulire ogni tanto questa memoria andando a chiudere le schede.

Figura 15. Otto schede aperte. È ora di chiuderle!

Clicchiamo sul quadrato in alto a destra e poi sul menù, e
infine selezioniamo "Chiudi tutte le schede".

Figura 16. Chiudi tutte le schede aperte

Per chiudere invece le singole schede dovremo cliccare sul quadrato e poi sulla X presente in alto a destra su ogni scheda.

Se vogliamo aggiungere una pagina ai Preferiti, in modo da poterla ritrovare facilmente in un secondo momento, basterà cliccare il menù e poi l'icona a forma di stella.

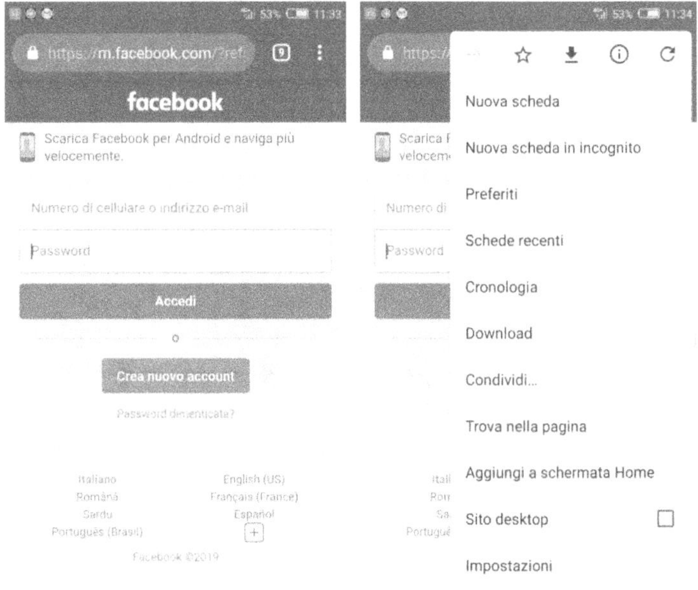

Figura 17. Aggiungi ai Preferiti

Per rimuovere la pagina dai preferiti cliccchiamo di nuovo l'icona a forma di stella (noterete che questa volta la stella risulta blu) e poi l'icona a forma di cestino.

Figura 18. Rimozione

Possiamo organizzare i Preferiti cliccando sempre sulla stella e spostando la pagina in un'altra cartella, che possiamo eventualmente creare.

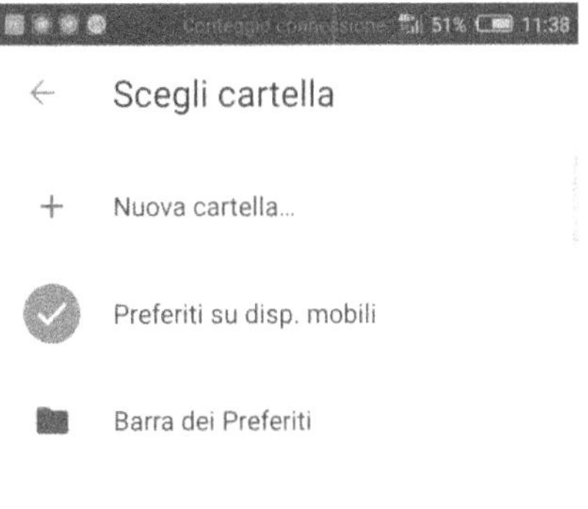

Figura 19. Scegli cartella

Abbiamo anche altri strumenti raggiungibili sempre da menù: possiamo raggiungere i Preferiti, possiamo visualizzare le schede chiuse di recente, la cronologia della navigazione, con possibilità di cancellarla ("Cancella i dati di navigazione"), i Download effettuati e ottenere la visualizzazione desktop della pagina che stiamo visitando (come la vedremmo da PC).

La funzione forse più interessante è però "Nuova scheda in incognito".

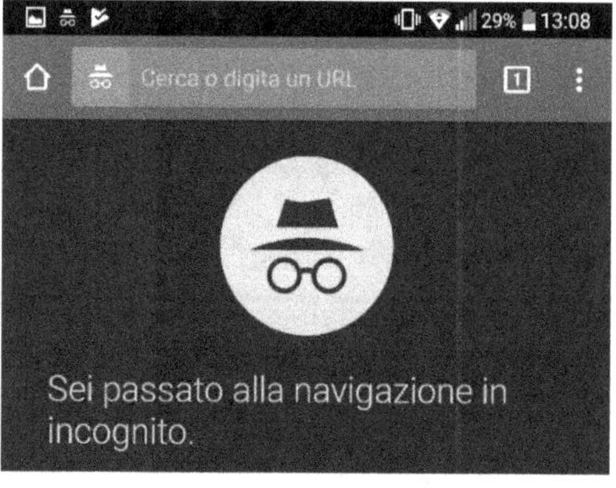

Figura 20. Navigazione in incognito

Tramite questa funzione potremo navigare con un più alto livello di privacy, in quanto Chrome non memorizzerà le pagine visualizzate, i cookie e i dati dei siti e le informazioni inserite nei moduli, come ad es. email e password. Questa funzione è molto interessante, soprattutto se pensiamo che, se la utilizziamo per navigare in siti che trattano dati sensibili, come la banca online, le nostre credenziali d'accesso non verranno memorizzate, e ciò aumenta la nostra sicurezza. Se ci rubassero il cellulare non rischieremmo di esporre le nostre credenziali ad altre persone.

Curiosità: durante la navigazione in incognito non è possibile neanche acquisire screenshot dello schermo!

Per concludere la navigazione in incognito basta tirare giù la tendina con uno swipe sullo schermo dall'alto verso il basso e poi cliccare su "Chiudi tutte le schede di navigazione in incognito".

1.17   Come filtrare i contenuti espliciti

Navigando sul web ci accorgeremo che molti siti presentano contenuti espliciti e anche la ricerca su Google non è da meno.

Possiamo attivare dei filtri nella ricerca in modo da non vedere contenuti per adulti.

Nella barra di ricerca andiamo su www.google.it, poi clicchiamo sul menù che si trova a sinistra, rappresentato da tre linee orizzontali una sotto l'altra.

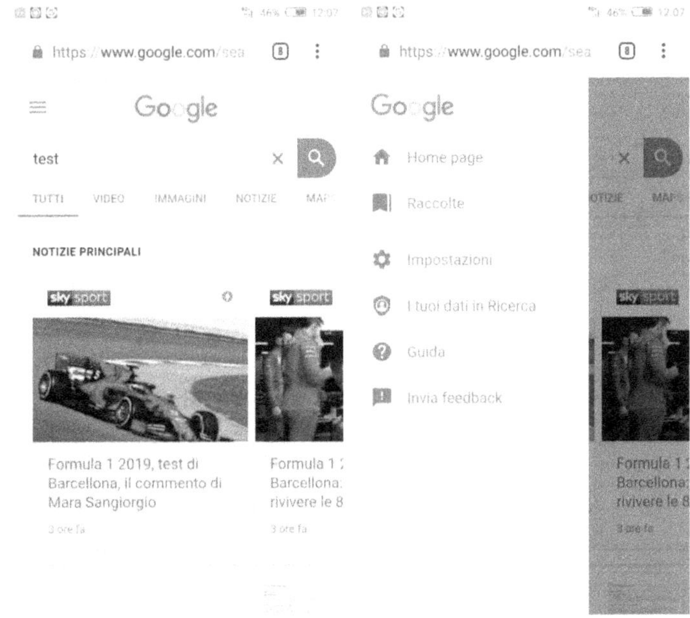

Figura 21. Impostazioni Google

Qui andiamo su Impostazioni e in Filtri SafeSearch clicchiamo "Filtra i risultati espliciti". Ora torniamo indietro e avviamo la ricerca.

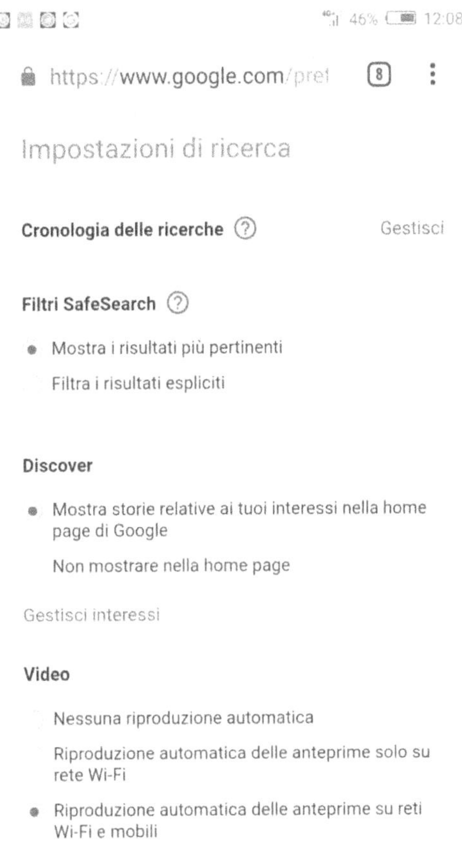

Figura 22. Filtro SafeSearch

1.18   Google Maps

L'app di Google Maps, come suggerisce il nome, dà accesso a delle mappe fornite da Google e accessibili anche via web recandosi sul sito https://maps.google.com.

Non è solo un'app di localizzazione, che quindi riesce a dirci dove ci troviamo e dove si trova uno specifico indirizzo, ma è un vero e proprio contenitore: al suo interno infatti troviamo anche consigli sui locali da visitare, sui ristoranti, sugli hotel, sui distributori di benzina, e tanto altro ancora.

Figura 23. Suggerimenti

Oltre alla funzione di localizzazione è presente anche quella di navigazione, quindi potremo farci guidare verso una destinazione da noi impostata attraverso una visualizzazione turn-by-turn, ossia la stessa dei navigatori satellitari, con tanto di voce che ci assiste lungo il tragitto.

Apriamo Google Maps e osserviamo come si presenta. Se il nostro GPS è spento, il sistema ci chiederà di attivare i sistemi di localizzazione: premiamo "Ok".

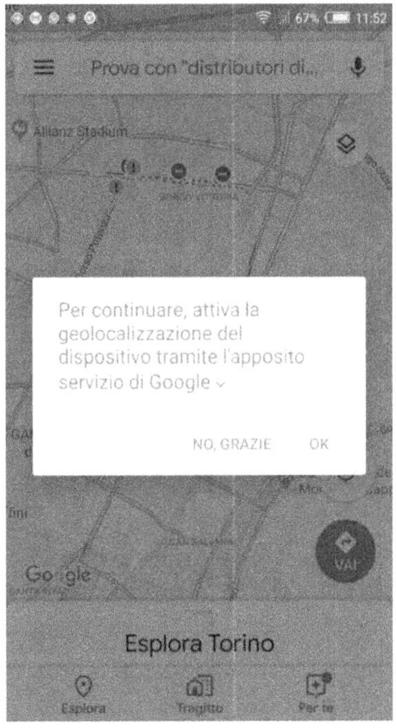

Figura 24. Devo attivare il GPS

In alto abbiamo un campo di ricerca, all'interno del quale possiamo scrivere un indirizzo preciso oppure un punto di interesse (ad es. Stazione Porta Nuova).

Se vogliamo semplicemente usare la mappa per capire dove ci troviamo, basterà premere l'icona a forma di mirino, che troviamo in basso a destra; l'applicazione eseguirà uno zoom e ci mostrerà la nostra posizione attraverso un puntino blu. Se il nostro smartphone è dotato di bussola, vedremo anche un cono blu che ci indica verso quale direzione stiamo guardando. Provate a girare su voi stessi e vedrete che il cono seguirà il vostro orientamento.

Figura 25. Dove mi trovo? Clicco sul "mirino"

Una volta eseguita una ricerca e selezionato un risultato, sarà possibile farci guidare a destinazione premendo il tasto blu "Indicazioni".

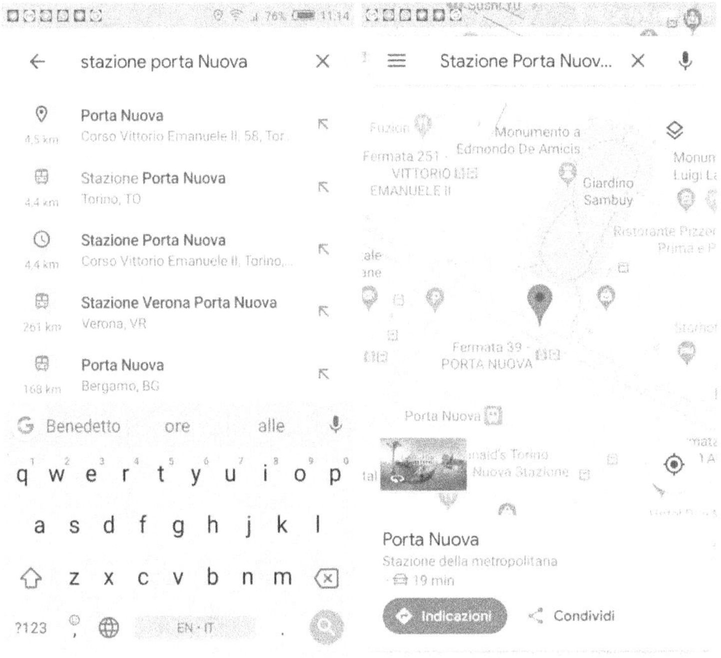

Figura 26. Cerco Stazione Porta Nuova

In questa schermata possiamo scegliere quale mezzo vogliamo usare: nell'esempio vediamo che dalla posizione in cui mi trovo alla Stazione Porta Nuova in auto impiegherei 19 minuti, con i mezzi pubblici 33, a piedi 59 mentre con il trasporto privato (icona a forma di omino che chiede un passaggio) 19 minuti.

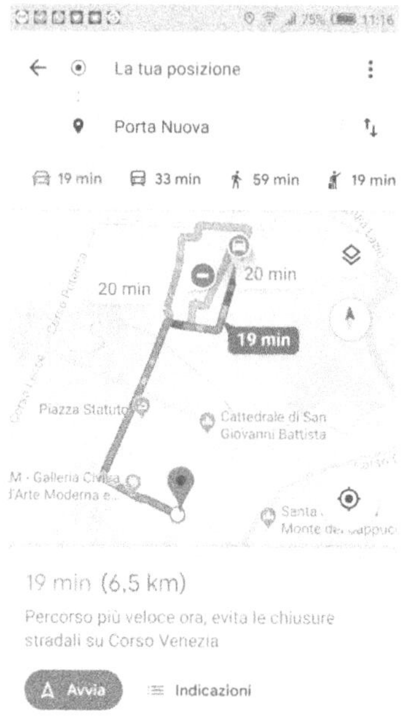

Figura 27. Percorso in auto

Se sono in auto tocco semplicemente "Avvia", in basso a sinistra, altrimenti scelgo i mezzi pubblici e ottengo dei suggerimenti su quale mezzo prendere, con tanto di orari dei mezzi e costo del biglietto singolo.

Figura 28. Posso scegliere il percorso con i mezzi

Se sono in auto ma non voglio la navigazione turn-by-turn, posso ottenere le indicazioni testuali, con un click sul tasto grigio "Indicazioni".

Premendo "Avvia", il navigatore esegue uno zoom e si mette in modalità navigazione con visuale dall'alto: la mappa assumerà la visuale in prima persona durante la guida. Durante il tragitto noterete che la strada assume diversi colori: il colore blu indica il tragitto che stiamo seguendo, l'arancione indica il traffico moderato mentre il rosso il traffico elevato, il grigio indica i percorsi alternativi. Se durante il tragitto sceglieremo uno dei percorsi segnati in grigio o se sbaglieremo strada, il navigatore eseguirà una ricerca dei percorsi alternativi e ci guiderà comunque a destinazione. Le informazioni sul traffico sono molto precise e aggiornate continuamente, quindi se sulla mappa una strada risulta congestionata, prendiamone un'altra.

Per uscire dalla navigazione sarà sufficiente premere la "X" in basso a sinistra.

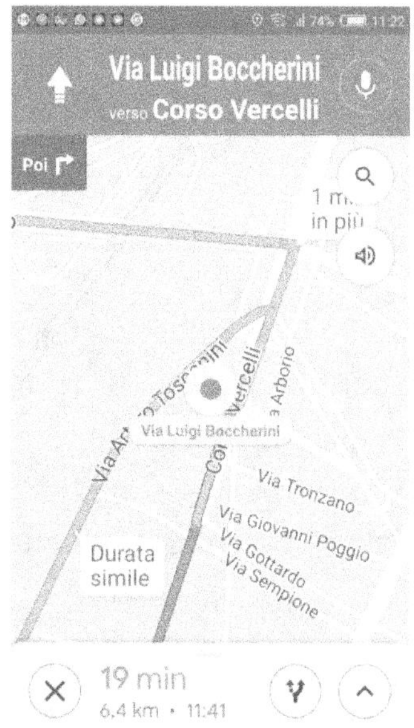

Figura 29. Navigazione turn-by-turn

Google Maps ha molte altre funzioni interessanti che vengono continuamente implementate e che non vedremo in questa guida ma che vi invito ad approfondire da soli, così da prendere confidenza con questo strumento.

Vi indico solo due funzioni tra le tante che sono utilissime se viaggiate verso una meta distante.

La prima è la possibilità di scegliere indicazioni che non comportino l'utilizzo di autostrade o pedaggi: dopo aver impostato la destinazione e aver premuto "Indicazioni", se clicchiamo sul menù in alto a destra (i tre puntini verticali), vedremo "Opzioni percorso".

Figura 30. Seleziono "Opzioni percorso"

Cliccandolo, potremo mettere la spunta su "Evita autostrade", "Evita pedaggi" ed "Evita traghetti". Così facendo, il navigatore ci proporrà percorsi alternativi che rispettano la nostra scelta.

Se invece dobbiamo viaggiare all'estero e non siamo sicuri di avere accesso a Internet via smartphone una volta arrivati sul posto, abbiamo la possibilità di scaricare una mappa offline, in modo da non avere bisogno di Internet per usare il navigatore.

Per farlo, clicchiamo il menù in alto a sinistra (le tre linee verticali) presente nella schermata iniziale, oppure facciamo uno swipe da sinistra verso destra, e poi clicchiamo su "Mappe offline". Ora dovremo selezionare la mappa da salvare sullo smartphone: clicchiamo "Seleziona la tua mappa".

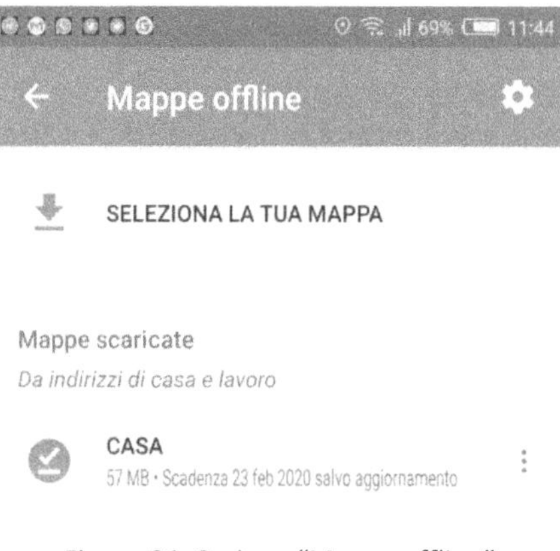

Figura 31. Sezione "Mappe offline"

Ci si presenta un rettangolo che contiene la mappa che verrà scaricata; possiamo spostarci con il dito fino a raggiungere la località desiderata e possiamo zoommare con due dita per includere un'area maggiore o minore. In basso vedrete una stima dello spazio che andrà a occupare la mappa sul vostro dispositivo. Ora basterà premere "Scarica".

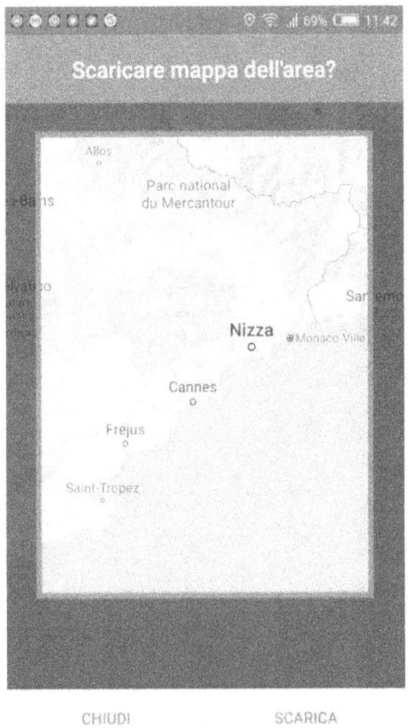

Figura 32. Mappa dell'area

Possiamo gestire le mappe scaricate raggiungendo di nuovo la pagina "Mappe offline e, cliccando sui tre puntini verticali presenti accanto a ciascuna mappa, decidere di aggiornare la mappa, visualizzarla, rinominarla oppure eliminarla.

Più mappe scarichiamo maggiore sarà lo spazio occupato sulla Memoria Interna.

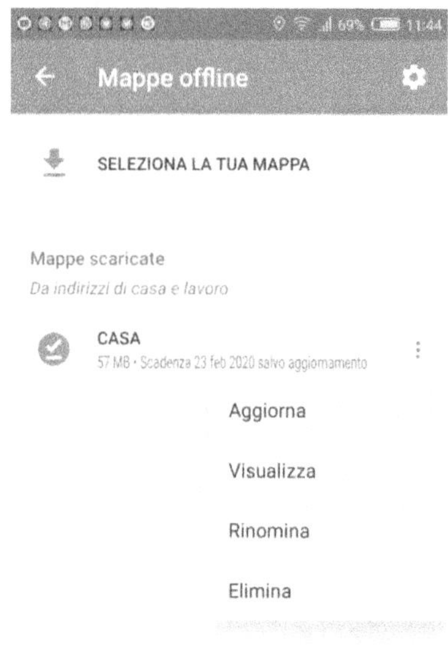

Figura 33. Posso aggiornare, visualizzare, rinominare o eliminare la mappa offline

2.   Installazione e utilizzo di WhatsApp

WhatsApp è un app di messaggistica istantanea simile per funzionamento all'app che utilizziamo per inviare degli SMS.

In che cosa differisce quindi?

Per prima cosa nel modo in cui questi messaggi vengono inviati. Gli SMS viaggiano su rete cellulare GSM (una delle reti più antiche) oppure UMTS o 3G ma possono essere inviati e ricevuti da qualsiasi app predisposta al loro invio. I messaggi WhatsApp viaggiano invece solo su rete Internet (3G o 4G o Wi-Fi) e possono essere ricevuti e inviati solo dall'applicazione WhatsApp. Quindi sia chi invia che chi riceve dovrà possedere questa applicazione.

Un'altra caratteristica dei messaggi di WhatsApp è la multimedialità: è infatti possibile inviare, oltre al testo, tutta una serie di contenuti tra i quali foto, video, tracce audio, informazioni sulla propria posizione, documenti e contatti. Questa vastità di utilizzi ha fatto sì che l'utilizzo degli SMS subisse un tracollo[3], con un calo di utilizzo addirittura del 75% negli ultimi cinque anni[4]!

3.1   Installazione di Whatsapp

Apriamo il Play Store con un tap sull'icona dell'applicazione e scriviamo "whatsapp" nel campo di ricerca.

Clicchiamo sul primo risultato "WhatsApp Messanger" e clicchiamo su installa. Accettiamo la richiesta di autorizzazione e aspettiamo che il sistema finisca l'installazione. Una volta terminata, clicchiamo su apri.

Ora l'app ci chiederà di essere impostata per il corretto funzionamento. Inseriamo il nostro numero di cellulare e proseguiamo. Il sistema invierà un SMS contenente un codice di verifica; attendiamo l'SMS e l'applicazione si imposterà automaticamente. In caso contrario prendiamo nota del codice presente nell'SMS ricevuto e lo trascriviamo dentro l'app di Whatsapp.

Ora non ci resta che inserire il nome che vogliamo venga visualizzato su Whatsapp dai nostri contatti, eventualmente una foto profilo e diamo l'ok.

Installazione terminata.

All'apertura, WhatsApp ci presenta in alto a destra tre tasti: uno a forma di lente d'ingrandimento, utile per cercare un contatto o una parola o frase all'interno delle nostre conversazioni (chat), uno a forma di lettera, utile a inviare un nuovo messaggio, e uno composto da tre puntini posti in verticale, che ci dà la possibilità di aprire un menù con voci che vedremo in seguito.

Più in basso abbiamo tre tab, ossia tre grossi blocchi che ci restituiscono ciascuno un gruppo di funzioni: il tab a destra chiamato "Chat" contiene tutte le nostre conversazioni con singoli contatti e con gruppi:

Figura 34. Tab Chat

63

Il tab "Stato", al centro, dà la possibilità di condividere con i nostri contatti foto, GIF e video che saranno visibili per 24 ore. La funzione è analoga a "storie" di Facebook:

Figura 35. Tab Stato

Il tab "Chiamate" a destra permette di chiamare i contatti che hanno l'app:

Figura 36. Tab Chiamate

La chiamata vocale è simile a quella che possiamo fare con l'applicazione "telefono" ma viaggia su rete Internet; quindi in assenza di connessione non possiamo chiamare. Noterete che se ci spostiamo nel tab Chiamate, in alto a destra l'icona a forma di lettera si trasforma in una a forma di cornetta, utile a iniziare una nuova conversazione telefonica. Spostandoci nel tab Contatti invece si trasforma in un'icona a forma di omino, utile ad aggiungere un nuovo contatto non presente in rubrica.

3.2   Nuova chat

Nel tab chat clicchiamo sull'icona in alto a forma di lettera e selezioniamo il contatto con cui vogliamo chattare, ossia a cui vogliamo scrivere.

Come detto in precedenza, oltre a scrivere possiamo inviare altri file multimediali: possiamo ad esempio inviare una nota vocale tenendo premuto il tasto a forma di microfono, parlando e rilasciando il tasto dopo che abbiamo finito. Se abbiamo sbagliato, invece di rilasciare il tasto, scorriamo verso sinistra e cestiniamo la nota vocale.

Oltre a questo possiamo cliccare in alto sul simbolo a forma di clips e allegare un documento (word, pdf), una foto catturata dalla fotocamera, una foto presente nella galleria, un file audio, o inviare la nostra posizione o un contatto.

3.3   Chat di gruppo, cosa sono?

Una delle funzioni di WhatsApp più utilizzate è senza dubbio quella dedicata ai gruppi. È possibile infatti creare dei gruppi i cui partecipanti vengono decisi dall'amministratore/creatore del gruppo, e che permettono di avere tutte le funzionalità presenti nella chat singola. La differenza è che tutti i partecipanti potranno vedere i nostri messaggi e rispondere o interagire con essi.

3.4   E cosa sono i broadcast?

Abbiamo detto che i gruppi permettono a tutti gli utenti di vedere i messaggi di tutti gli altri, ma anche i partecipanti al gruppo.

Immaginiamo però di voler inviare un messaggio unico a più persone ma di non volere che queste vedano le risposte degli altri. Come facciamo?

O scriviamo il messaggio e poi copiamo e incolliamo il testo in ogni singola chat oppure utilizziamo una funzione di WhatsApp che ci permette di scrivere il messaggio una volta sola! La funzione si chiama Lista Broadcast e si può utilizzare recandoci nel tab chat e premendo il menù in alto a destra (i tre puntini verticali). Ora facciamo tap su Nuovo Broadcast.

Il sistema ci chiederà di selezionare i contatti che vogliamo inserire nella lista broadcast e che dunque riceveranno il nostro messaggio o i nostri media. Possiamo selezionare fino a 256 contatti, ma attenzione: solo i contatti che ci hanno aggiunto alla loro rubrica riceveranno il nostro messaggio broadcast! Se i nostri destinatari non ricevono i messaggi broadcast, ci dobbiamo assicurare che ci abbiano aggiunto alla loro rubrica.

3.5   WhatsApp Web

Lo sapevi che è possibile utilizzare WhatsApp anche su computer per mezzo di un browser?

Se come me, per lavoro ti ritrovi spesso davanti allo schermo del PC puoi controllare le chat di WhatsApp senza maneggiare il telefono.

Per farlo apriamo WhatsApp sullo smartphone, clicchiamo sul menù in alto a destra (i tre puntini verticali) e poi su WhatsApp Web. Sul PC apriamo un browser, ad esempio Chrome, e rechiamoci su web.whatsapp.com. Qui vedremo un QR code, un codice simile al codice a barre ma quadrato: ci spostiamo sull'app di WhatsApp sullo smartphone e clicchiamo su il simbolo "+". A questo punto ci basterà inquadrare lo schermo del PC con il nostro telefono e istantaneamente il nostro browser ci presenterà tutte le nostre chat.

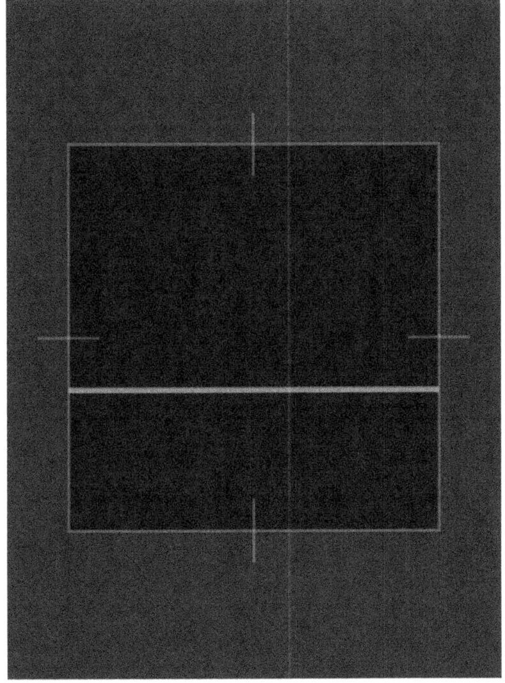

Figura 37. Scanner QR code

Per le volte successive sarà sufficiente recarsi su web.whasapp.com e potremo utilizzare WhatsApp via PC senza rifare la procedura.

3.6   Ricerca in Whatsapp

WhatsApp ha un comodo campo di ricerca. Cliccando sull'icona a forma di lente d'ingrandimento potremo digitare il nome di un contatto e trovare la conversazione che abbiamo avviato con lui, ma non solo.

Possiamo anche cercare delle parole o delle frasi che siamo sicuri di aver scritto ma non ricordiamo in quale chat e il sistema ci restituirà dei risultati contenenti proprio quei termini.

3.7   Privacy in WhatsApp

L'applicazione ci permette di decidere di condividere o meno delle informazioni con i nostri contatti in rubrica che hanno WhatsApp installato sul loro dispositivo.

Per modificare i parametri relativi alla privacy andiamo sul menù principale e clicchiamo su Impostazioni.

Qui clicchiamo su Account e poi Privacy.

Figura 38. Privacy su WhatsApp

"Chi può vedere le mie informazioni personali" ci permette di definire:

- chi può vedere quando ho effettuato l'ultimo accesso all'app - possiamo scegliere tra *Tutti, I miei contatti*, ossia quelli che ho in rubrica - o *Nessuno*. Se decidiamo di non condividere l'ora in cui abbiamo effettuato l'ultimo accesso all'app non vedremo l'ultimo accesso delle altre persone;

- chi può vedere l'immagine del profilo;

- chi può leggere le mie informazioni;

- chi può vedere il mio stato;

- con quali contatti ho condiviso la mia posizione in tempo reale, ed eventualmente bloccarla.

Nella voce contatti bloccati ritroviamo i numeri delle persone che abbiamo bloccato e possiamo aggiungerne o toglierne quante ne vogliamo. Questo comando è utilissimo nel caso ricevessimo messaggi da disturbatori o da persone con cui non vogliamo interagire.

L'ultima voce è "Conferme di lettura", ossia le doppie spunte blu. Quando inviamo un messaggio e l'altra persona lo legge, come notifica avremo due spunte blu in basso a destra. Se disattiviamo questa voce non daremo più una conferma di avvenuta lettura ai nostri destinatari ma non potremo neanche sapere se loro hanno letto il nostro messaggio.

3.8   Backup delle chat (e dei contenuti multimediali)

Cosa succede alle nostre chat se cambiamo smartphone?

Tipicamente andrebbero perdute ma WhatsApp ci permette di impostare dei backup, anche automatici, e di ripristinare tutto il contenuto di essi su un nuovo dispositivo.

Per farlo apriamo il menù principale, andiamo su "Impostazioni" e clicchiamo "Chat".

Qui troviamo "Backup delle chat". Se clicchiamo su questa voce scopriamo che è possibile effettuare il backup delle chat non solo nel dispositivo ma anche nel nostro Google Drive, ossia lo spazio personale online (cloud) che otteniamo quando registriamo un indirizzo mail su Google.

Se clicchiamo "Backup su Google Drive" possiamo impostare il salvataggio sul cloud in modo automatico e farlo svolgere ogni giorno, settimanalmente oppure mensilmente. Potremmo anche decidere di non effettuare mai il backup su Google Drive ma solo nel nostro archivio interno, oppure di farlo manualmente cliccando sul tasto "Esegui Backup".

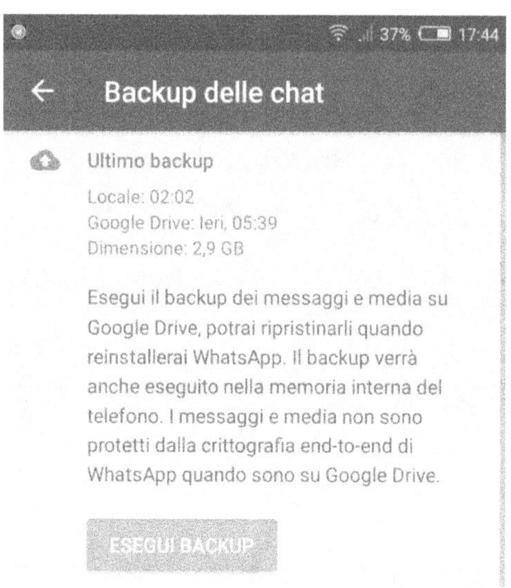

Figura 39. Backup delle chat

Una volta selezionata la frequenza dei salvataggi potremo stabilire all'interno di quale account memorizzarli, decidere di effettuare i backup solo in presenza di rete Wi-Fi, risparmiando così i dati 3/4G, e se includere nei salvataggi i video che ci sono stati inviati o che abbiamo inviato.

Se abbiamo optato per i backup automatici non dovremo più fare nulla.

Una volta reinstallato WhatsApp sul nuovo dispositivo, l'app scaricherà automaticamente tutte le chat e i contenuti.

Maggiore è la frequenza di salvataggio, minore è la possibilità di perdere delle chat durante il ripristino: se abbiamo stabilito un backup alla settimana potremmo infatti rischiare di non avere le chat più recenti sul nuovo dispositivo, mentre con una frequenza giornaliera potremmo trovare le chat più aggiornate.

3.   Memoria del telefono

Gli smartphone, come gli altri dispositivi multimediali, hanno una memoria fisica sulla quale vengono salvate tutte le app, le foto, i video, i messaggi e così via.

Nel PC questa memoria viene chiamata "disco rigido" o "disco fisso" (in inglese Hard Disk, Hard Drive o HDD), mentre nello smartphone si chiama ROM o semplicemente Memoria Interna.

Esiste anche un altro tipo di memoria, la cosiddetta memoria temporanea o RAM.

Mentre la Memoria Interna serve a conservare i nostri dati, che rimangono lì anche a cellulare spento, la memoria RAM serve a mantenere temporaneamente i dati delle app che il processore del dispositivo deve utilizzare in uno specifico momento.

Se spegniamo il cellulare, il processore interrompe il suo lavoro e di conseguenza la RAM viene svuotata.

Quando facciamo girare sul cellulare tante applicazioni contemporaneamente, senza chiuderle, la RAM si riempie; non è cioè in grado di memorizzare altre informazioni e di conseguenza lo smartphone non può svolgere altre attività senza rallentamenti o surriscaldamenti.

In questo caso dovremo svuotare la RAM.

Per farlo, apriamo il menù Multitasking; dovremmo, nel più comune dei casi, cliccare sul tasto dedicato presente nella barra di navigazione. A seconda del modello di smartphone che abbiamo potrebbe succedere che il Multitasking sia invece raggiungibile tramite una pressione prolungata del tasto Home, o ancora, attraverso una pressione decisa sullo schermo seguita da swipe verso l'alto, senza staccare il dito da esso.

Una volta aperto il menù Multitasking potremo svuotare la RAM semplicemente premendo sul tasto a forma di "X" (o di cestino).

3.1   Ma quanto sono grandi queste memorie?

La dimensione della ROM e della RAM può variare da modello a modello ma è facile distinguerle nelle schede descrittive dei cellulari perché la prima occupa una quantità di spazio notevolmente superiore.

A inizio 2019 uno smartphone di fascia media ha circa 4-6 GB di RAM e 32 GB di ROM.

3.2 Come facciamo a sapere a quanto ammontano le memorie del nostro smartphone?

Dovremo recarci nel menù "Impostazioni" del telefono, e poi cercare Info Telefono.

Qui vedremo le principali caratteristiche dello smartphone, tra le quali CPU, RAM e la Memoria Interna (o Archiviazione).

3.3 Questa memoria può essere ampliata?

La RAM non può essere ampliata, mentre è possibile aumentare la Memoria Interna in alcuni dispositivi per mezzo di una scheda miniSD (o microSD), chiamata anche Memoria Esterna, da inserire in un apposito slot del telefono.

Se il nostro telefono ci fornisce questa possibilità potremmo voler ampliare la memoria nel caso in cui, ad esempio, conservassimo al suo interno tante foto, video e contenuti musicali.

In questo modo, se il telefono iniziasse ad essere pieno e ci indicasse "Memoria Insufficiente", potremmo spostare sulla Memoria Esterna i file multimediali e recuperare dello spazio per procedere con l'installazione di nuove app.

Possiamo anche decidere di salvare di default sulla SD le foto scattate: apriamo l'app Fotocamera, cerchiamo il menù e al suo interno la voce "Salvataggio su scheda SD" (o comando simile). Gli smartphone che non hanno uno slot per l'espansione della memoria non hanno questo comando.

3.4   Memoria Insufficiente

Lo smartphone indica che è a corto di memoria attraverso la notifica "Memoria Insufficiente".

Perché succede?

Oltre alla già accennata presenza di file multimediali che possono occupare la memoria e che quindi andrebbero trasferiti su una memoria esterna, anche le app consumano Megabyte: ogni nuova app scaricata riduce lo spazio interno a nostra disposizione. Ma non solo! Anche le app già installate sul nostro dispositivo, e che quindi hanno già occupato la loro parte di memoria, possono richiederne altra per il loro funzionamento. Un esempio su tutti è l'app di Facebook che appena installata ha un peso di circa 60 Megabyte, mentre con l'utilizzo può raggiungere anche i 600 Megabyte!

A un certo punto la memoria è talmente ridotta da richiedere una pulizia.

3.4.1 Come recuperare spazio in memoria

- **Disinstallazione di un'app**

Il modo più semplice ma anche più drastico per ridurre la memoria occupata dalle app è quello di disinstallarne qualcuna, almeno quelle superflue.

Per farlo andiamo nelle "Impostazioni" dello smartphone, cerchiamo il comando "App", anche detto "Applicazioni" o "Gestione Applicazioni", e qui cerchiamo un'app da rimuovere.

Clicchiamo sul nome dell'app e cerchiamo il comando "Disinstalla". Se volessimo reinstallare l'app basterà seguire il procedimento descritto in precedenza ("Aggiunta di un'app").

- **Pulizia della cache**

Questo modo ci permette di mantenere l'app ma di alleggerire leggermente la memoria occupata da essa.

Dalla schermata "Applicazioni" o "Gestione Applicazioni" selezioniamo il nome dell'app che vogliamo pulire e poi cerchiamo "Cache"; questo comando potrebbe trovarsi all'interno di "Memoria telefono", sempre all'interno delle "Informazioni app".

Basterà cliccare "Cancella Cache" per pulirla.

- **Pulizia dei Dati**

Se invece vogliamo alleggerire di molto lo spazio occupato dall'app, anziché "Cache" dobbiamo cercare "Dati". Premendo "Cancella dati" faremo una pulizia profonda, eliminando anche le informazioni di login dell'app. Nel caso di Facebook, ad esempio, questo ci costringerà a inserire nuovamente le credenziali d'accesso.

Abbiamo visto come pulire la Memoria Interna, ma esiste anche la possibilità di prevenire, almeno in parte, questo riempimento.

Dobbiamo scegliere cosa scaricare e/o mantenere nel nostro dispositivo, ricordandoci che ogni cosa occupa spazio!

3.5 Prevenzione e pulizia su WhatsApp

WhatsApp è uno strumento molto interessante perché, come spiegato in precedenza, oltre a permetterci di inviare messaggi di testo ai nostri contatti che hanno l'applicazione installata sul loro dispositivo, ci consente anche di inviare e ricevere file multimediali (in primis foto e video).

Come impostazione di default WhatsApp scarica tutti i file che ci vengono inviati, anche se non li abbiamo ancora letti.

Ebbene, abbiamo la possibilità di decidere cosa vogliamo scaricare e cosa no, risparmiando spazio sul dispositivo.

Per farlo, apriamo WhatsApp, clicchiamo il menù rappresentato da i tre puntini verticali e andiamo su "Impostazioni".

Qui cerchiamo il comando "Utilizzo dati e archivio", e osserviamo che è presente il campo "Download automatico".

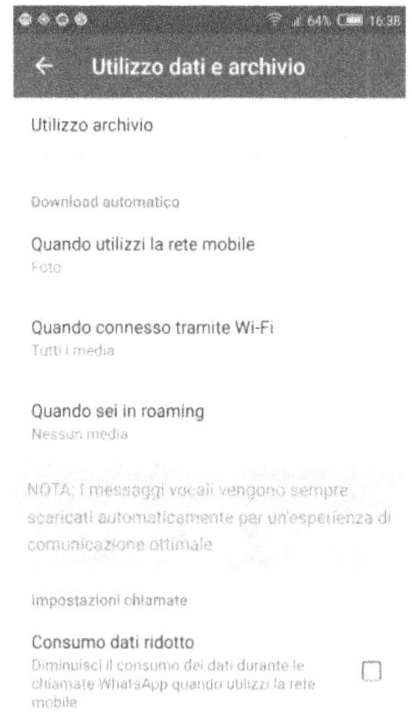

Figura 40. Utilizzo dei dati e dell'archivio

Possiamo decidere come deve comportarsi WhatsApp quando siamo collegati alla rete mobile, quando siamo connessi tramite Wi-Fi e quando siamo in roaming.

Se vogliamo poter scegliere cosa scaricare di volta in volta basterà settare tutti questi campi su Nessun Media, togliendo le spunte dalle varie tipologie di contenuti multimediali.

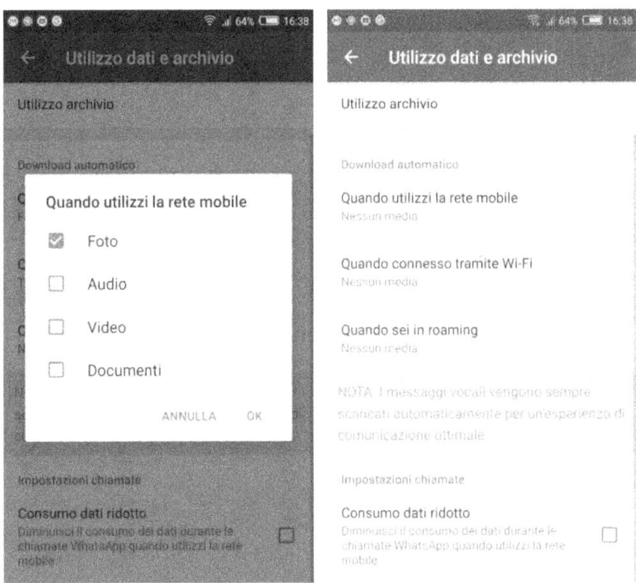

Figura 41. Nessun download automatico

Se abbiamo ricevuto dei file prima di effettuare questa modifica e decidiamo di volercene liberare, anziché cercarli all'interno di ogni singola chat, basterà aprire la Galleria dello smartphone e individuare le cartelle di WhatsApp, che di solito si trovano sotto Altro.

In WhatsApp Documents troveremo i documenti ricevuti (pdf e altri file), in WhatsApp Animated le gif, in WhatsApp Images le foto e in WhatsApp Video i video. Potremo quindi procedere alla cancellazione.

4. Password

Il più importante capitolo della guida e forse anche il più corto.

Una volta stabilita una password all'interno di un'applicazione o di un sito Internet, non dobbiamo dimenticarla!

Potrei terminare qui il capitolo, ma siccome molti sono sbadati, vediamo come recuperare le password smarrite e come gestirle attraverso un password manager.

I principali servizi online che per essere utilizzati richiedono la registrazione tramite email (o nome utente) e password, dispongono di una funzione di recupero della password, qualora ce la dimenticassimo.

Tipicamente, nella pagina di login, quella in cui dobbiamo scrivere le nostre credenziali d'accesso, sotto il campo password vediamo una frase che, di solito, fa così: *"Password dimenticata?"*.

Se clicchiamo su questa frase veniamo portati in una pagina in cui dovremo inserire la nostra mail. Una volta inserita, il sistema invierà su di essa un link da cliccare o un codice di recupero; se abbiamo ricevuto un codice basterà inserirlo nella pagina in cui abbiamo inserito la mail prima dell'invio, se invece abbiamo ricevuto un link, cliccandolo verremo portati su una pagina in cui potremo specificare una nuova password, questa volta da memorizzare, altrimenti dovremo ripetere nuovamente il procedimento.

Se non ricordiamo neanche la password per accedere alla mail che abbiamo digitato sopra, siamo doppiamente fregati.

Per fortuna alcuni servizi, come ad esempio Gmail, ci permettono di verificare la nostra identità anche tramite altri mezzi. Perciò se ci siamo dimenticati la password della nostra mail e abbiamo cliccato su *"Password dimenticata?"*, potremo accedervi anche tramite una serie di comandi da eseguire sul nostro cellulare, tra i quali copiare un codice ricevuto via SMS e trascriverlo in un apposito campo, oppure premere dei tasti fatti comparire da Google sullo schermo.

4.1   Password manager

Esiste la possibilità di memorizzare le nostre password all'interno di un'app gestionale, in questo modo dovremo ricordarcene solo una, la cosiddetta Password Master, per poter vedere le password dei vari servizi.

Ci sono molti password manager all'interno del Play Store; possiamo provarne diversi e poi scegliere quello che troviamo più semplice da utilizzare.

Ricorda: conservare le password in un unico posto non è un comportamento sicuro, perché se un malintenzionato scoprisse la Password Manager potrebbe accedere a tutte le password salvate e di conseguenza ai servizi ad esse collegati, come ad esempio i tuoi canali social o, peggio, la tua banca online.

Quindi il consiglio è: memorizza le tue password!

5.   Social network

Cosa sono?

Social Network è un termine inglese che significa *rete sociale*.

Termine dapprima utilizzato in sociologia, negli ultimi anni è passato ad indicare nel linguaggio comune un servizio Internet utile a gestire tutta una serie di rapporti sociali con modalità varie: condivisione di testo (post), articoli di giornale, e contenuti multimediali. I social network generalmente differiscono per la tipologia di contenuti multimediali condivisi (ad esempio esistono social network musicali o artistici in cui si condividono brani, disegni, fotografie, ecc.) oppure per la tipologia di relazioni verso cui sono orientati (ad esempio esistono social destinati al mercato lavorativo, alle news, o ai rapporti d'amicizia).

Il loro utilizzo è spesso offerto gratuitamente, dato che i fornitori sono remunerati dagli inserzionisti pubblicitari online[5].

Il più noto e diffuso, per lo meno qui in occidente, è senza dubbio Facebook che ha raggiunto nel 2015 l'impressionante cifra di 1 miliardo di utenti connessi nello stesso momento[6]!

Facebook è un social network di tipo "amicale": basa infatti le relazioni tra gli utenti sul loro rapporto di amicizia, vera o presunta. La funzionalità base prevede che gli utenti aggiungano altri utenti richiedendone l'amicizia, che deve essere accettata o declinata da quest'ultimi.

Il social in origine era stato progettato esclusivamente per gli studenti dell'Università di Harvard, ed era quindi pensato per un'utenza universitaria. Facebook infatti prende il nome dall'annuario utilizzato dalle scuole americane, contenente le foto dei visi degli studenti (face-book, libro dei volti).

Trovò poi diffusione presso altre università e infine si aprì a utenti non universitari purché maggiori di 13 anni.

Facebook inizialmente offriva la possibilità di condividere status (il famoso "a cosa stai pensando?") e contenuti fotografici con i propri "amici" ma è divenuto nel tempo un sistema di condivisione più evoluto, dotato di strumenti più numerosi che vedremo qui di seguito.

5.1 Facebook, utilizzo base

Come detto, la prima funzione di Facebook è quella di condividere con il nostro pubblico degli status testuali, nei quali possiamo scrivere quello desideriamo. Nell'utilizzo però dobbiamo avere sempre ben presente che Facebook, così come altri canali di comunicazione, è uno strumento potente e rivolto a un pubblico variegato. È quindi fondamentale capire prima di tutto che possiamo selezionare il nostro pubblico e possiamo farlo in due modi principali: il primo è il più banale, ossia evitare di richiedere o accettare amicizie di gente che non gradiamo avere su Facebook. Una volta aggiunti infatti, questi signori hanno la possibilità di fruire dei nostri status e del nostro materiale pubblicato! Immaginate di aver aggiunto sul vostro account Facebook il vostro capoufficio o un collega di lavoro con cui non avete particolare confidenza; cosa succederebbe se pubblicaste uno status nel quale fate osservazioni riguardanti il luogo di lavoro o l'impertinenza del vostro collega? Probabilmente rovinereste il clima lavorativo o peggio!

Occhio quindi a chi chiedete l'amicizia.

Il secondo modo per selezionare il pubblico è quello di decidere a chi far visualizzare il nostro status. Possiamo infatti stabilire che il nostro post venga mostrato a tutti gli amici, a tutti gli utenti di Facebook (compresi gli estranei) e che venga riservato solo a me, come una sorta di soliloquio o appunto.

Oltre a queste tre opzioni è possibile restringere ancora di più il pubblico. Come? Recandoci nel pannello di creazione del post vedremo in basso a destra, accanto al tasto pubblica, il nostro pubblico di riferimento ("Chi può vedere questo contenuto?"). Qui possiamo selezionare "Chi può vedere questo contenuto?":

- *Tutti*
- *Chiunque su Facebook e fuori Facebook*
- *Amici*
- *I tuoi amici su Facebook*
- *Solo io*
- *Altre opzioni*

Selezioniamo "altre opzioni": qui potremmo scegliere una delle sottocategorie (ad es. famigliari, chi ha frequentato le nostre stesse scuole, chi lavora in un certo luogo, ecc.) oppure potremmo cliccare su personalizzata e decidere specificatamente con chi condividere il post o con chi non condividerlo, digitando i nomi di queste persone.

In ogni caso bisogna sempre ricordarsi che Facebook è un vero e proprio megafono e che va usato con cautela ma soprattutto con intelligenza. Non avete idea di quanti rapporti di amicizia o d'amore siano stati rovinati "da Facebook". Chiaramente, la mia è una battuta; sono gli utilizzatori i responsabili dell'utilizzo dello strumento, non il contrario!

5.1.1 È necessario avere un account su Facebook?

Ovviamente no, ma non va demonizzato, anzi!

Con il progresso della tecnologia e il graduale spostamento dei servizi sulle piattaforme online, è utile registrare un account su Facebook per evitare un fenomeno sempre più dilagante: il furto dell'identità digitale. È infatti sempre più diffusa la sostituzione di persona online ai danni soprattutto dei più giovani: sono in aumento infatti i casi di ragazze e ragazzi anche minorenni che vengono approcciate online a scopo di estorsione o reati anche più gravi da quelli che credono coetanei e che invece si rivelano essere altre persone. Naturalmente i pericoli sono presenti anche per gli adulti, quindi il consiglio che vi do è creare il vostro account anche se non avete intenzione di utilizzare il social network.

5.2 Instagram

Instagram è un social network di tipo *fotografico*. Nell'ultimo periodo, il suo utilizzo ha avuto un'impennata, soprattutto tra i giovani e i brand - quest'ultimi spinti da blogger e influencer.

Nel 2012 l'azienda è stata acquisita da Facebook e ora l'integrazione tra i due social network è molto elevata: quando pubblichiamo qualcosa su Instagram possiamo far sì che venga pubblicata in automatico anche sul nostro account Facebook.

Ma come funziona?

Una volta installata l'app sul nostro dispositivo possiamo creare un nuovo account o entrare con il nostro account Facebook. La schermata principale è contraddistinta da un'icona a forma di casetta in basso a sinistra (home). Qui vedremo i post degli account che seguiamo, in una modalità molto simile alla sezione Notizie di Facebook.

Figura 42. Sezione Home con un post

93

Possiamo commentare i post, mettere "mi piace" (icona a forma di cuore) o inviare il post a un'altra persona su Instagram, premendo l'icona a forma di aeroplanino.

Se clicchiamo in basso a sinistra sull'icona a forma di lente d'ingrandimento, potremo scorrere i contenuti suggeriti sulla base di ricerche effettuate in precedenza o correlate agli account che già seguiamo, oppure effettuare una nuova ricerca. Su Instagram possiamo cercare, e utilizzare nei nostri post, i cosiddetti hashtag, ossia dei termini preceduti dal "#" (cancelletto). Questa funzione permette all'applicazione di raggruppare i post di tutti gli iscritti alla piattaforma, perciò se ad esempio cerchiamo la parola *#musica*, potremo visualizzare i post degli utenti che contengono quel termine.

Se vogliamo creare un nuovo post basterà cliccare l'icona a forma di "+" in basso al centro, selezionare il contenuto fotografico (o video) che vorremmo caricare, cliccare "Avanti" in alto a destra e, se vogliamo, scegliere un filtro da applicare. Una volta fatto clicchiamo "Avanti" e, se vogliamo, inseriamo del testo nel campo "Scrivi una didascalia"; possiamo anche utilizzare gli hashtag.

Ora possiamo taggare le persone presenti nell'immagine, aggiungere un luogo in cui è stata scattata la foto e scegliere se pubblicare il post anche sugli altri social che abbiamo connesso all'applicazione, come ad es. Facebook e Twitter.

Cliccando "Condividi" pubblichiamo il nostro post e lo rendiamo visibile alle persone che ci seguono su Instagram.

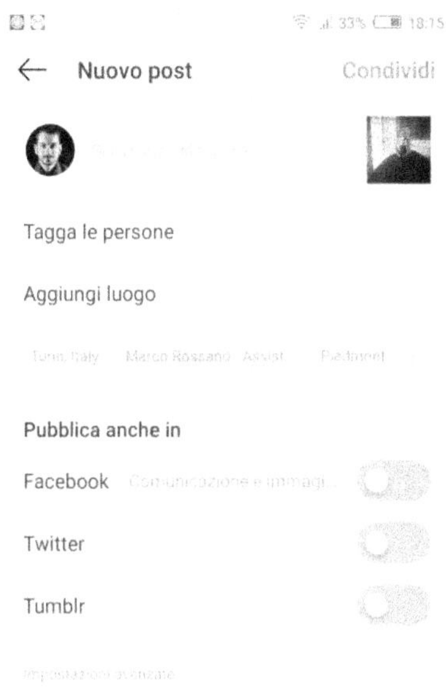

Figura 43. Pubblicazione di un nuovo post

Se clicchiamo sul pulsante a forma di cuore, vedremo le notifiche provenienti dai nostri contatti; potremo ad esempio ricevere una notifica quando qualcuno cliccherà *Mi piace* su un post da noi condiviso o commenterà.

L'ultima icona in basso a destra, quella con la nostra foto, ci porta nella nostra pagina personale, all'interno della quale potremmo inserire delle informazioni da mostrare ai visitatori: io ad esempio, ho dato i miei riferimenti telefonici, il mio contatto mail e il mio indirizzo, trattandosi del mio account lavorativo.

Figura 44. Sezione account personale

6. Sicurezza online

Prendiamo Facebook come social di riferimento nello studio dei pericoli che si possono incontrare nel loro utilizzo. Come detto, la sostituzione di persona è uno dei primi rischi che si possono incontrare, e lo corrono anche coloro che non sono iscritti a Facebook.

6.1 Adescamento online

Come leggiamo sul sito della polizia postale[7]: *"chi ha interesse ad avere contatti con minori con l'aberrante e adulta volontà di indurre gli stessi a fare sesso, a parlarne, a vedere immagini pornografiche sa che il Web è il posto giusto dove "avvicinarsi" ai giovani, perché sono tutti sempre connessi, liberi e con la convinzione di essere al sicuro."*

L'adescamento online è una nuova tipologia di reato introdotta in Italia nel 2012 (art. 609undicies del c.p. previsto dalla legge n. 172/2012): si tratta della manipolazione che soggetti adulti compiono sul web al fine di avvicinare minori, per indurli a condividere contenuti multimediali che li vedono protagonisti in situazioni intime/sessuali. Non sempre l'adescatore cerca il contatto fisico con la vittima, ma il pericolo, per quanto virtuale, è assolutamente reale.

Perciò, il consiglio è sempre quello di denunciare eventuali tentativi di approccio online da parte di soggetti che possono sembrare sospetti, soprattutto se chi legge è minorenne. La Polizia Postale è l'organo a cui fare riferimento in questi casi.

6.2   Estorsione

Un secondo pericolo già parzialmente citato è l'estorsione.

Gli uomini sono quelli statisticamente più soggetti ad eventuali tentativi d'estorsione online a sfondo sessuale, e il motivo è semplice: c'è la tendenza da parte degli uomini di accettare l'amicizia di gente che non conoscono, soprattutto di ragazze attraenti.

Negli ultimi tempi si è diffusa la truffa delle videochat erotiche: ragazze avvenenti convincono gli uomini a giochi erotici in video, registrano la diretta e minacciano il malcapitato di divulgare online la ripresa se non si provvede al pagamento di una somma di denaro, tipicamente tramite ricarica PostePay.

Esistono però anche tentativi di estorsione che nulla hanno di sessuale ma che fanno leva sull'altruismo della vittima. Il criminale approccia la vittima sui social o su siti d'incontri, e instaura una vera e propria relazione d'amicizia sfruttando dialoghi generici e tecniche psicologiche. A questo punto l'adescatore finge di aver bisogno di denaro per motivi di salute, di lavoro o per altre cause credibili e la vittima si sentirà in obbligo di donare del denaro al suo nuovo "amico".

Un altro tipo di estorsione che andiamo a vedere è del tutto innovativa; l'estorsore anziché richiedere il pagamento tramite ricarica PostePay preferisce l'uso del Bitcoin, moneta digitale su cui faremo un approfondimento più avanti (vedi Appendice 1).

In realtà le tipologie di estorsioni basate sul pagamento in bitcoin sono principalmente due.

Il primo, più semplice, consiste nell'invio di una mail sul nostro account di posta elettronica, nella quale l'estorsore afferma di essere in possesso di materiale compromettente che ci vede protagonisti - qui la fantasia del truffatore è molto ampia, potrebbero essere dati personali o presunte foto (o video) intime - e minaccia la loro diffusione qualora non provvedessimo al pagamento di una certa somma di denaro verso un indirizzo Bitcoin da lui specificato.

Va da sé che il malvivente in realtà non possiede nulla, quindi non cediamo al ricatto!

Il secondo tipo di estorsione basata sul pagamento in bitcoin o altra criptovaluta è decisamente più complessa e merita particolare attenzione.

Il malvivente in questo caso è un hacker e invia alla vittima un file particolare via mail o altro canale, camuffandolo da foto o video: questo è in realtà un programma auto-installante, che va a criptare il contenuto del nostro hard disk rendendo il PC inservibile. Per utilizzare di nuovo il nostro computer avremo bisogno di una password (o chiave di decriptazione) rilasciata dal hacker dietro il pagamento di una certa somma di bitcoin.

Questo attacco è divenuto famoso perché ha colpito diverse aziende nel mondo, anche italiane, e queste non hanno potuto fare altro che pagare il riscatto per poter avere nuovamente accesso ai loro dati.

Il consiglio che vi do è quello di prevenire un attacco di questo tipo non lasciandovi prendere dalla curiosità di vedere il file inviato da un contatto sospetto. Se all'interno dell'email si afferma che la foto (o il video) vi vede ritratti in situazioni intime o equivoche, ma a voi non risulta di esservi mai messi in tali situazioni, non ci cascate!

Cestinate subito la mail.

6.3   Come evitare le ritorsioni

La prima regola da ricordare è che Internet, attualmente, non dimentica!

Tutto ciò che mettiamo in rete, se non gestito a dovere, può diventare permanente e tracciare la nostra personalità. Evitiamo dunque di diffondere immagini intime che vorremmo tenere per noi o per il nostro partner o video e/o immagini che ci vedono in situazioni particolari ed equivocabili. Evitiamo di aprirci troppo con il nostro interlocutore a meno di non conoscerlo con certezza o di non essere sicuri che chi abbiamo dall'altra parte dello schermo sia davvero chi dice di essere (ricordate i casi di furto d'identità!). Se il vostro contatto è online sappiate che molto probabilmente la sua identità digitale è facilmente scovabile, quindi se avete dei dubbi fate una semplice ricerca su Google e avrete una buona probabilità di avere conferme o smentite sulla sua identità.

E se vi ritrovate nelle circostanze spiegate in precedenza?

Per prima cosa non cedete ai ricatti e prendete tempo fingendo di assecondare le richieste del criminale. Poi rivolgetevi alla Polizia Postale che di sicuro può aiutarvi. Qui di seguito il link al sito Polizia Postale delle Telecomunicazioni: https://www.commissariatodips.it.

Sezioni del Piemonte:

- **Compartimento Torino Corso Tazzoli, 235 – Tel. 011/3014611**
- **Sezione Alessandria Via Ghilini, 3 – Tel. 0131/302250**
- **Sezione Aosta Via Festaz, 20 – tel. 0165/276244**
- **Sezione Asti Corso Dante, 55 – Tel. 0141/357270**
- **Sezione Cuneo Via Cavour, 3 - Tel. 0171460351**
- **Sezione Biella Via Sant'Eusebio, 5/A - Tel. 015/3590685**
- **Sezione Novara Largo Costituente, 4 – Tel. 0321/335257**
- **Sezione Vercelli Via S. Anna, 9 – Tel. 0161/264112**

È utile anche registrarsi alla pagina Facebook della Polizia delle Telecomunicazioni mettendo "mi piace" a *Una vita da social* https://www.facebook.com/unavitadasocial per essere sempre al corrente delle nuove truffe e dei nuovi pericoli ai danni degli utenti online.

6.4 Controllo delle fonti

Facebook è un sistema di condivisione di contenuti evoluto e permette anche la condivisione di articoli pubblicati online su siti esterni. La condivisione avviene senza filtri se si escludono quelli basati sul blocco di materiale per adulti. Questa libertà ha aumentato le probabilità di imbatterci in notizie non verificate, solo parzialmente vere o completamente false (le cosiddette bufale). È dunque un male la libertà di stampa? Assolutamente no!

Come sempre, non è lo strumento a generare pericoli, ma chi ne fa un uso distorto.

Come fare dunque a districarsi tra le centinaia di migliaia di articoli che ogni giorno vengono pubblicati sul web e propagati dai social network?

La risposta a questa domanda è di nuovo duplice: o accettiamo passivamente le notizie soffermandoci ai titoli e contribuiamo alla loro propagazione, apportando dei danni alla comunicazione di massa nel caso condividessimo notizie false, oppure svolgiamo una piccola parte di quello che dovrebbe essere il lavoro del giornalista, ossia il controllo delle fonti (o verifica dei fatti).

Una semplice descrizione del controllo delle fonti ci viene fornita da Wikipedia: "Nel giornalismo la verifica dei fatti è il lavoro di accertamento degli avvenimenti citati e dei dati usati in un testo o in un discorso. Questa pratica si applica in particolare alle informazioni date dai politici e, anche come autoverifica, alle notizie diffuse dai mass media."[8]

Questa soluzione è la strada più lunga ma è anche quella che ci aiuta nella comprensione di un fatto, e ci permette di aiutare gli altri utenti instillando la cultura della verifica. Come hanno detto Luca De Biase, giornalista leader dell'innovazione al Sole 24 Ore e presidente della fondazione Ahref, e Sergio Maistrello, fondatore di factcheck.it durante l'evento "Buone pratiche di informazione. Vera o falsa? Come garantire la qualità?" al festival del giornalismo Glocalnews di Varese: *"Instillare la cultura della verifica e documentazione dei fatti è difficile ma sarebbe rivoluzionario"*[9].

6.5 Come possiamo distinguere la notizia vera da quella falsa?

Innanzitutto dobbiamo capire che nella vastità del web esistono dei canali di comunicazione professionali: le testate giornalistiche online.

In Italia, la testata giornalistica online è un prodotto editoriale, risponde alle leggi sulla stampa, deve essere registrata in tribunale e avere un direttore responsabile, un editore e uno stampatore. I quotidiani online vengono riconosciuti come testate giornalistiche in base alla legge sull'editoria del 2016 (legge 26 ottobre 2016, n. 198).

Essendo organi professionali, regolarmente registrate e sottoposte anche a controlli fiscali, è più probabile che le notizie che divulgano siano più facilmente verificabili rispetto alle notizie diffuse da blog, forum o altri canali non registrati. Ciò non toglie che possano esserci dei giornalisti che, come noi, incappano nell'errore di non verificare i fatti, ma questo è un problema antico quanto la stampa.

6.6 Organi di stampa online più visitati in Italia

Secondo un'analisi della società Audiweb, che si occupa della rilevazione della fruizione dei siti web italiani, i primi dieci siti italiani di notizie più visitati nel maggio 2016 sono stati[10] :

1. la Repubblica

2. Corriere della Sera

3. La Gazzetta dello Sport

4. Pianeta donna (portale di Banzai Media)

5. TGCOM24

6. La Stampa

7. Il Messaggero

8. Tiscali (portale dell'azienda omonima)

9. Citynews (piattaforma web dell'informazione)

10. Nanopress (testata giornalistica online)

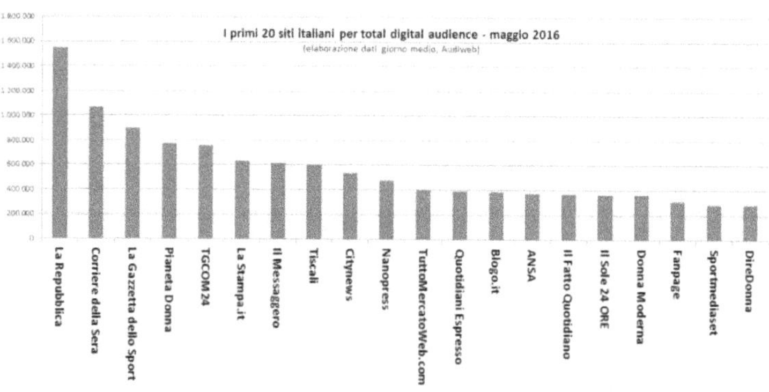

Figura 45.

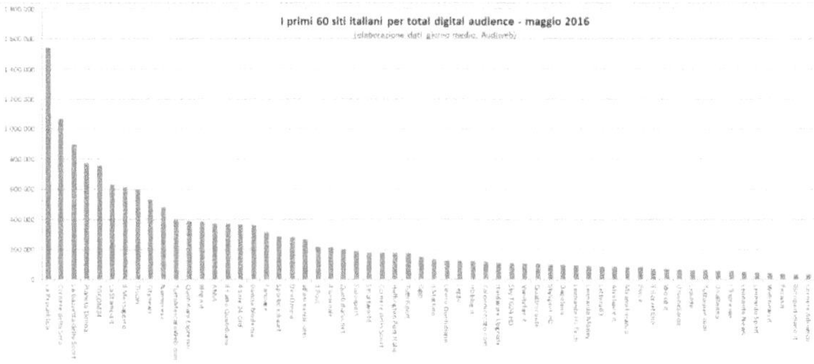

Figura 46.

Il parametro adottato per la misurazione è la **total digital audience**. Dal sito di Audiweb leggiamo:

"La total digital audience è la stima totale dell'attività effettuata da parte degli utenti online attraverso computer e device mobili (smartphone e tablet), al netto delle sovrapposizioni tra i diversi device rilevati.La total digital audience rappresenta il consumo totale del mezzo, offrendo informazioni sulla reach totale (utenti unici al netto delle sovrapposizioni tra i device rilevati), le pagine viste (per quanto riguarda la fruizione via browser) e il tempo speso online. La total digital audience è la dimensione più completa del sistema di misurazione messo a punto da Audiweb e disponibile a partire dai dati di gennaio 2014.

L'universo di riferimento è composto da:

- *PC audience: individui dai 2 anni in su*
- *Mobile audience (smartphone e tablet): individui dai 18 anni ai 74+.*

I dati quotidiani della total digital audience sono disponibili nel nastro di pianificazione, Audiweb Database respondent level, distribuito a cadenza mensile a tutti gli operatori iscritti al servizio, con cui è possibile analizzare e pianificare il mezzo conoscendo quanta parte dell'audience attribuire alla navigazione da PC, da Smartphone e da Tablet, oppure quanta alla sovrapposizione PC/Smartphone, PC/Tablet e PC/smartphone/tablet.

I dati sulla total digital audience saranno rilasciati organizzati per device: PC e Mobile (smartpohone e tablet al netto delle sovrapposizioni dei due device mobili). In una seconda fase, i dati mobile saranno separati in "smartphone" e "tablet".

I dati della total digital audience sono distribuiti sia attraverso il nastro di pianificazione Audiweb Database (audience nel giorno medio degli editori iscritti al servizio) che attraverso la piattaforma Audiweb View (audience mensile di tutto il mercato online)."[11]

Abbiamo dunque un diagramma che mostra fino a sessanta testate giornalistiche professionali, e possiamo dunque dedurre che se ci imbattiamo in una notizia proveniente da una di queste testate, è più probabile che sia vera e dunque verificabile.

E se una fonte non compare tra queste testate?

Non significa di certo che non sia affidabile! Semplicemente dovremmo adottare un maggior spirito critico e utilizzare gli strumenti di analisi mostrati qui di seguito.

> **Il dominio di secondo e di terzo livello.**

Innanzitutto possiamo controllare il dominio della fonte, o meglio nome a dominio, ossia il nome tramite il quale un sito è raggiungibile sul web. Ad esempio per Google il suo nome a dominio è google.com (o google.it per la versione italiana). Questo nome a dominio è composto da un dominio di primo livello (il .com, o .it) e da un dominio di secondo livello (google). Lo troviamo dunque nella forma ***dominiosecondolivello.dominioprimolivello***.

Avere un dominio di secondo livello però costa (anche se la cifra è spesso molto bassa, sotto i dieci euro), e quindi molti blog e forum ricorrono ai domini di terzo livello, appoggiandosi su società che possiedono un dominio di secondo livello e che offrono registrazioni gratuite. Un esempio è il sito http://davidcoen.altervista.org/, un blog che registrai qualche anno fa che ha come argomento base la fotografia. Come vedete il nome a dominio è formato da tre elementi: il dominio di primo livello (.org), il dominio di secondo livello (altervista) e quello di terzo livello (davidcoen). Lo troviamo dunque nella forma ***dominioditerzolivello.dominiosecondolivello.dominiopri molivello***.

Perché questa immersione nelle definizioni, assolutamente superficiale, dei domini? Perché come detto, registrare un dominio di terzo livello è praticamente sempre gratuito e lo si fa su dei siti che permettono di impostare un vero e proprio sito web completo in pochi passaggi, come ad esempio Altervista o Blogspot. Si deduce quindi che anche chi non è del settore può avere un suo canale di comunicazione a basso costo (o addirittura gratuito) tramite il quale può divulgare notizie anche totalmente false. Un esempio di sito con un nome a dominio di terzo livello che ospita spesso notizie false di natura principalmente politica è videoattivista.blogspot.it (recentemente chiuso e dunque non più raggiungibile tramite l'indirizzo web citato), ma l'elenco è lunghissimo. Una sorta d blacklist, ossia una lista nera di siti Internet e pagine Facebook che diffondono "bufale", "disinformazione" o "allarmismo" divise per specifiche categorie è presente sul sito bufale.net[12] e su butac.it[13], due siti il cui scopo è trovare e smentire le notizie false che girano sul web.

Se leggerete l'elenco riportato su questi due siti web noterete che sono presenti molti siti che possiedono un dominio di secondo livello e una struttura del sito "professionale". Il motivo è semplice: questi siti generano traffico e ospitano al loro interno delle inserzioni a pagamento. Quando gli utenti raggiungono questi siti fanno sì che i proprietari guadagnino e possano col tempo non solo permettersi una struttura web avanzata, ma anche di generare dei profitti, alle volte anche illeciti perché chi possiede questi canali web spesso non è dotato di partita iva e dunque non viene sottoposto al doveroso pagamento delle tasse.

6.7   Clickbaiting

Ma come fanno questi siti ad attrarre un così alto numero di visitatori?

Le visite sul sito web "truffaldino" sono pilotate tramite l'utilizzo di una tecnica sempre più diffusa anche sui canali professionali e su quelli di divulgazione politica: **la tecnica del clickbaiting**.

Il termine clickbaiting, o clickbait, in italiano "esca da click" indica una tecnica tramite la quale l'utente viene attratto su dei siti web il cui scopo primario è quello di aumentare il numero di visite e generare dunque profitti derivanti dalle rendite pubblicitarie. Il clickbaiting vede l'utilizzo di titoli accattivanti che generano una spinta emozionale (spesso legata alla collera nei confronti della politica o nei confronti di entità che, secondo le teorie complottistiche, "nascondono la realtà" o "non la fanno vedere in tv") e che ci spingono ad approfondire la lettura o a condividere l'articolo sui social, rendendoci dunque complici della diffusione di questi articoli, spesso ai danni delle notizie reali e verificabili.

➢ **La prova del nove**

Abbiamo attuato le misure illustrate in precedenza e ora ci troviamo di fronte a un articolo online divulgato tramite Facebook che ci pare credibile e che è anche corredato di un video che non vediamo l'ora di aprire. Ho scritto "ci pare credibile" perché infatti abbiamo la sensazione che ci sia qualcosa che non torna: il nostro spirito critico si sta facendo sentire!

Cosa possiamo fare per verificare una volta per tutte che la notizia sia vera? Non c'è una ricetta funzionante al cento per cento, ma molte soluzioni che, se utilizzate insieme, danno una buona percentuale di sicurezza sulla veridicità di una notizia. Se vogliamo approfondire l'argomento della verifica dei fatti, soprattutto di quelli che avvengono in teatri di guerra, possiamo affidarci a una guida scritta da giornalisti di primo piano della BBC, Storyful, ABC, Digital First Media, e di altri esperti di fact checking:"Verification Handbook, La guida definitiva alla verifica dei contenuti digitali per coprire le emergenze" edito da Craig Silverman e disponibile gratuitamente in formato digitale anche in italiano, sul sito http://verificationhandbook.com/ .

Se invece desideriamo avere una conferma più immediata che ciò che stiamo leggendo sia falso possiamo fare una semplice ricerca su Google, inserendo il titolo dell'articolo accompagnato dalla parola "bufala".

Se tra i risultati notiamo uno dei canali professionali citati in precedenza o uno dei siti che si occupano di smascheramento delle bufale, allora possiamo essere sicuri di trovarci di fronte a una notizia falsa.

Esempio n.1

Tipologia: post su Facebook corredato da articolo online.

Titolo: Governo SHOCK: Non ci saranno elezioni anticipate fino al 2020[14].

Immagine di copertina: una foto del Presidente del Consiglio Paolo Gentiloni intento a parlare al microfono.

Primo pensiero personale: "caspita, vogliono toglierci il diritto di voto!"

Analisi

Passata l'iniziale spinta emozionale (ricordate che il clickbaiting punta anche sulla collera?) mi cade l'occhio in basso a sinistra, dove su Facebook viene mostrato l'indirizzo web della fonte, e leggo www.ilfattoquotidaino.it . Se lo dice il Fatto Quotidiano potrebbe avere una sua veridicità, ma in questo caso a dirlo è il Fatto Quoti DAINO.

Mi soffermo dunque sul titolo e penso: "Un momento! Le prossime elezioni in Italia si svolgeranno sicuramente nel

2018 perché per Costituzione la legislatura ha durata quinquennale e quindi il Parlamento va per forza rinnovato!".

Però è anche vero che se è in corso un tentativo di colpo di Stato le regole Costituzionali non verrebbero di certo rispettate. Cosa faccio?

Cerco su Google la stringa: "Governo SHOCK: Non ci saranno elezioni anticipate fino al 2020." E inserisco al fondo la parola "bufala".

Ecco cosa mi si presenta tra i risultati:

Figura 47.

Come potete vedere il primo risultato è il sito che ho visitato e che riporta l'articolo. Sotto abbiamo però un risultato del sito www.italianosveglia.com che nella sua descrizione riporta: *"Bufala del web Questa notizia è una bufala del web."*, e più in basso abbiamo una pagina di Wired, testata giornalistica online regolarmente registrata, di proprietà di Edizioni Condé Nast S.p.A., la quale ci fornisce un articolo del giornalista Gianluca Dotti recante il titolo: "Perché Gentiloni è già bersagliato dalle bufale"[15]. In questo articolo, oltre a una semplice ma ottima analisi socioeconomica che consiglio di leggere, scopriamo che "sia Libero Giornale sia il Fatto Quotidaino si presentano al pubblico come siti satirici, ma di fatto sfruttano la somiglianza tra il loro nome e quello di testate giornalistiche registrate per attirare con l'inganno migliaia di click.".

Ulteriore conferma di quest'affermazione ci viene recandoci proprio sulla pagina dell'articolo dell'esempio[16].

Nel footer del sito (l'area in basso) leggiamo infatti *"Il Fatto Quotidaino non è a tutti gli effetti una testata giornalistica, e come magazine satirico alcuni articoli contenuti in esso potrebberò non corrispondere alla veridicità dei fatti. ATTENZIONE questo magazine SATIRICO non è in alcun modo ricconducibile al \"Fatto Quotidiano\" "*

Possiamo dunque concludere che si tratta di una notizia FALSA.

<u>Esempio n.2 – Un caso divertente</u>

Tipologia: Post su Facebook non corredato da articolo online.

Incipit: *Se la GUARDIA DI FINANZA consiglia di pubblicarlo sulla propria pagina, un motivo ci sarà...*

Testo: *Tutto quello che avete postato diventa pubblico da domani. Anche i messaggi che sono stati eliminati o le foto non autorizzate. Non costa nulla per un semplice copia e incolla, meglio prevenire che curare. Canale 13 ha parlato del cambiamento nella normativa sulla privacy di Facebook.*

ATTENZIONE

Con questa dichiarazione non concedo a facebook (e/o agli enti associati ad esso) il permesso di usare le mie immagini, informazioni o pubblicazioni, sia del passato che del futuro.

Con questa dichiarazione, ricordo a Facebook, che è severamente vietato divulgare, copiare, distribuire o intraprendere qualsiasi altra azione in riferimento a questo profilo e/o al suo contenuto.

Questo profilo contiene anche informazioni private e riservate.

La violazione della privacy può essere punita dalla Legge (UCC 1- 308 -1 1 308-103 statuto di ROMA).

Nota: Facebook è ora un azienda pubblica, per cui tutti i membri (per tutelarsi) dovrebbero pubblicare quanto scritto, sul proprio profilo.

Non pubblicando questa dichiarazione, per "silenzio/assenso", si permetterà l'uso delle foto, delle informazioni e di tutti i contenuti degli "aggiornamenti di stato" del profilo.

Copia e incolla –

Analisi: l'incipit è interessante e spinge alla condivisione, dopotutto se lo dice la Guardia di Finanza un motivo ci sarà. Perché dunque non condividerlo, che ci costa!

Ecco, magari evitiamo di condividerlo, non tanto per i danni che potremmo arrecare ai nostri contatti, ma semplicemente per evitare di fare una brutta figura.

Il testo del post parte affermando: "Tutto quello che avete postato diventa pubblico da domani. Anche i messaggi che sono stati eliminati o le foto non autorizzate." Così, senza che siano fornite delle motivazioni! Ma cosa vuol dire "pubblico dominio"? Senza annoiarvi con lunghi discorsi vi dico brevemente che esistono due principali definizioni: una, dal punto di vista giuridico, intende il dominio pubblico o demanio come l'insieme di beni appartenenti allo Stato o altri enti pubblici, a disposizione diretta o indiretta dei cittadini[17]. Una seconda definizione, strettamente legata al concetto di copyright (opere di pubblico dominio), ci viene individuata dai professori Melanie Dulong de Rosnay e Juan Carlos De Martin nel libro "The Digital Public Domain: Foundations for an Open Culture". "The public domain (...) is defined as cultural material that can be used without restriction, absent copyright protection." Che può essere tradotto: "Il pubblico dominio (...) è definito come il materiale culturale che può essere utilizzato senza restrizioni, assente da protezione del copyright".

Quale delle due definizioni viene presa in considerazione in questo confusionario e sgrammaticato post? Probabilmente la prima definizione, quella legata al concetto di demanio. Leggiamo infatti: *"Nota: Facebook è ora un azienda pubblica, per cui tutti i membri (per tutelarsi) dovrebbero pubblicare quanto scritto, sul proprio profilo."* Ebbene sì, scopriamo che Facebook, azienda che nell'ultimo trimestre del 2015 ha superato per la prima volta i 300 miliardi di dollari di capitalizzazione[18] [19], sarebbe divenuta pubblica, ossia acquistata dallo Stato Italiano, che siccome ha un debito pubblico (gennaio 2017) di soli 2370 miliardi di euro, ha deciso di indebitarsi di altri 300 miliardi acquistando (non si sa come né perché) questa azienda.

Ma il concetto di pubblico dominio è quello più complesso da affrontare. In effetti sarebbe bastato soffermarci sul resto del testo che è composto da una sequela di sciocchezza da far rabbrividire se non fosse quasi comica: dal fantomatico Canale 13 che ha rilasciato la notizia, all'affermazione secondo la quale Facebook non ha il diritto di "divulgare, copiare, distribuire" poiché "severamente vietato". Ci siamo forse dimenticati che siamo noi utenti i fruitori e divulgatori e non Facebook?

La ciliegina sulla torta arriva alla fine: "La violazione della privacy può essere punita dalla Legge (UCC 1- 308 -1 1 308-103 statuto di ROMA)." Lo Statuto di Roma è il trattato internazionale istitutivo della Corte penale internazionale, organo che si occupa di crimini ben più seri della violazione della privacy, tra i quali il genocidio, i crimini contro l'umanità e i crimini di guerra e "UCC 1- 308 -1 1 308-103" è una sigla che neanche esiste.

Il consiglio che vi do è di non condividere questo post pensando che fornisca informazioni corrette, ma di farvi una bella risata quando lo vedete sulle bacheche degli amici!

7.   Phishing

Il phishing è un tipo di truffa online che prevede il tentativo da parte di un malintenzionato di far rilasciare alla vittima dei dati sensibili, ad esempio password di Facebook, del proprio account Gmail, del proprio conto online, ecc.

Questa truffa avviene principalmente tramite l'invio di email il cui mittente è un'azienda famosa, magari statale (ad es. Equitalia, Poste Italiane, ecc.), in cui si fornisce un link a un falso sito legato all'azienda e si chiede di inserire delle credenziali o altri dati sensibili. Una volta inseriti, questi dati vengono resi disponibili al truffatore che potrebbe usarli per atti illeciti.

Perché parliamo di phishing? Perché ultimamente la truffa corre anche sui social network, Facebook in particolare. Spesso infatti capita di vedere dei link sempre con titoli accattivanti (tecnica del clickbaiting) che portano su siti clone di altri famosi e spingono l'utente a cascare nella trappola. Addirittura esistono veri e propri cloni di Facebook (o meglio della homepage del social network) che possono facilmente ingannare un occhio meno esperto.

Come evitare la truffa? Sostanzialmente si può ricorrere ai metodi illustrati precedentemente per evitare i siti che diffondono notizie false, ma abbiamo anche uno strumento in più fornito da Google: si tratta dello strumento "connessione protetta".

Quando digitiamo l'indirizzo di un sito sicuro (ad es. facebook.com), a sinistra del dominio vedremo il protocollo https al posto del classico http e un lucchetto verde. Cliccandoci sopra otteniamo la seguente schermata:

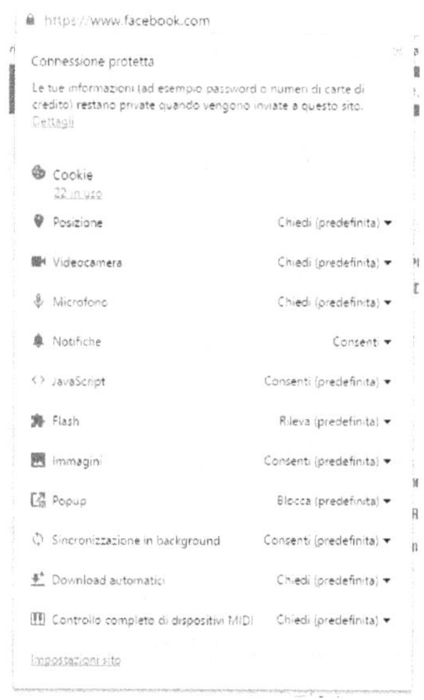

Figura 48. Certificato SSL attivo

Questa ci informa che stiamo navigando in un sito sicuro, che protegge i nostri dati criptando la connessione.

Su un sito truffa invece questa icona non sarà presente anzi, potrebbe comparire un'icona rossa che ci avvisa del pericolo, oppure addirittura la navigazione potrebbe venir interrotta da una schermata rossa fornita da Google che ci invita a uscire dal sito web!

Altri pericoli corrono sui social network: la pagina della Polizia delle Telecomunicazioni ("una vita da social") ci avvisa prontamente degli ultimi allarmi informatici ma dobbiamo comunque stare all'erta.

Famoso è un caso che si ripresenta periodicamente e che causa non pochi problemi a chi casca nel tranello: si riceve un messaggio o un post su Facebook nel quale si viene avvisati da un amico riguardo alla presenza di un video a contenuto variabile (a volte pornografico a volte no) che ci vede protagonisti. L'invito è quello di cliccare sul link per scoprire se siamo veramente noi. Non fatelo! Si tratta di un link contenente un software malevolo (virus) che una volta aperto, a seconda delle circostanze, potrebbe installare dei programmi indesiderati (trojan horse) oppure accedere ai nostri dati personali, o ancora creare problematiche al nostro sistema operativo. Il software malevolo approfitterà anche del vostro account Facebook per inoltrare il link ai vostri contatti e si propagherà anche ai loro tramite una tecnica analoga. Quindi oltre a danneggiare noi, potremmo creare inconsciamente dei problemi anche ai nostri amici.

8. Video streaming

Il video streaming, anche detto streaming on demand (su richiesta) indica *la trasmissione di un flusso audio/video senza necessità di download del file completo per la sua visione*. Lo streaming viene effettuato su siti o app e dà la possibilità all'utente di visionare filmati in qualunque momento lo desideri, solo però sotto copertura Internet (Wi-Fi o 3G/4G), mentre il download di un filmato ne permette la visione anche a dispositivo disconnesso.

Il più famoso sito di streaming, anche se si dovrebbe definire di video sharing (condivisione di video), è YouTube, di proprietà di Google, azienda che ha realizzato anche un'app per dispositivi smartphone con sistemi operativi Android e iOS. Pensate che questo sito ha più di un miliardo di utenti[20]! Youtube permette il caricamento e dunque la condivisione di video di varia natura, sia personali sia legati ad aziende. Il tutto avviene senza costi per l'utente che carica questi filmati.

Anche la fruizione dei contenuti in origine era del tutto gratuita ma ultimamente, sull'onda di altri servizi di streaming che vedremo più avanti, Google ha deciso di inserire sul sito di Youtube anche la fruizione dei video a pagamento: le major cinematografiche hanno la possibilità di caricare interi film o serie tv mentre gli utenti comuni hanno la possibilità di vendere lo streaming di un contenuto video presente sui loro canali.

Il funzionamento di Youtube è piuttosto semplice qualora volessimo solo fruire dei contenuti in qualità di spettatori: semplicemente inseriamo nella barra di ricerca in alto il titolo di un filmato che vorremmo visualizzare o delle parole chiave. Il sito ci restituirà dei risultati attinenti.

Ad esempio, ipotizziamo di voler visionare la recensione di uno smartphone prima di acquistarlo. Siamo interessati ad acquistare un Huawei P9 perché ne abbiamo visto la pubblicità su un volantino o in tv e vorremmo saperne di più. Proviamo a scrivere "recensione Huawei P9" nel campo di ricerca e diamo l'ok.

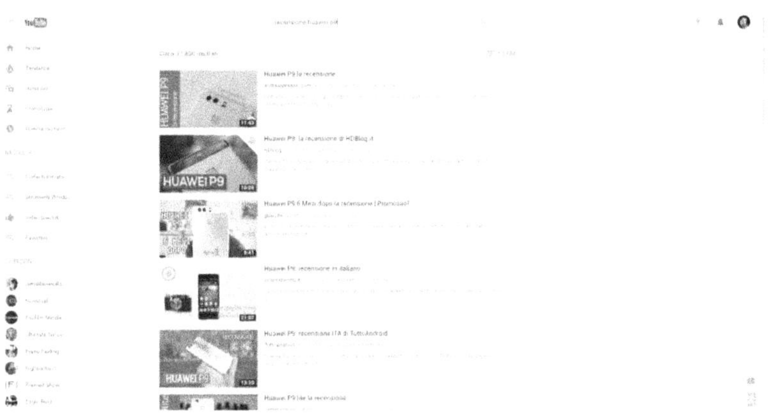

Figura 49. Schermata dei risultati, visuale da PC

Otterremo una schermata simile a questa, nella quale veniamo informati dell'esistenza di oltre 32 mila risultati, ma ci vengono mostrati prima i più attinenti e quelli che hanno ricevuto più visite. Il primo video che vedo è del mitico Andrea Galeazzi e ha ricevuto oltre 440 mila visualizzazioni!

Nel caso volessimo visualizzarlo basterà cliccare sull'anteprima e il video partirà automaticamente.

Il video ci piace e abbiamo scoperto che ci piacerebbe anche essere informati dei futuri video di Andrea Galeazzi, o vorremmo vederne di precedenti. Ebbene, Youtube è dotato di una opzione che si chiama "Iscrizioni". Possiamo iscriverci a un qualunque canale che, semplificando, può essere visto come la pagina personale di chi carica i video. Per farlo clicchiamo su "Iscriviti", accanto al nome del canale.

Figura 50. Video in streaming, visuale da smartphone

Troveremo dunque i video più recenti dei canali ai quali siamo iscritti nel tab "Iscrizioni". E nel caso volessimo visualizzare i video meno recenti basterà cliccare sull'icona del canale all'interno di "Elenco canali" e sfogliare i video.

8.1 Streaming di film e telefilm

Con l'avvento di reti Internet sempre più veloci e prestanti sia nelle connessioni domestiche (con la tecnologia fibra ottica e adsl) sia nel settore mobile (rete 4G e nel prossimo futuro 5G), sono sempre più diffusi servizi di streaming on demand a pagamento, legati ad aziende che già lavorano nel settore delle telecomunicazioni (ad esempio Sky con il suo servizio NowTv[21] o Netflix[22]) oppure forniti da aziende che non avevano precedentemente dei canali di diffusione video ma che, ad esempio, sono specializzate nella vendita di beni online (cito Amazon e il suo Amazon Prime Video[23]).

Questi servizi di streaming sono tendenzialmente basate su un sistema di pagamento mensile; questo ci permette di non essere vincolati, come invece accade con servizi il cui contratto è annuale o di 24-30 mesi. Possiamo disdire il nostro abbonamento quando vogliamo, anche dopo un solo mese d'utilizzo. Netflix, ad esempio, ha fatto di questa possibilità un suo slogan: "See what's next. GUARDA CIÒ CHE VUOI OVUNQUE. DISDICI QUANDO VUOI." (gennaio 2017)

Una delle grosse differenze tra i servizi di streaming online e l'abbonamento a servizi televisivi più "classici", oltre alla possibilità di vedere un film o un programma televisivo su richiesta (cosa già prevista ad esempio dal servizio On Demand di Sky), è quella di fornire all'utente un'esperienza personale e mobile e non legata a un oggetto specifico (decoder, smartcam, tv) o a un ambiente specifico (il salotto, la camera da letto, ecc..).

Mi spiego meglio.

Con i mezzi televisivi classici la fruizione dei contenuti (escludendo l'on demand), avviene da uno a molti (one to many): il fornitore di servizi invia le trasmissioni a tutti gli utenti dotati di decoder, smartcam o altro apparecchio in grado di rilevare ed eventualmente decodificare (nel caso di servizi a pagamento) il segnale e quest'ultimi hanno un'esperienza pressoché identica. Inoltre la fruizione può avvenire solo negli ambienti in cui è fisicamente presente il decoder o altro apparecchio di decodificazione.

Con lo streaming on demand invece l'esperienza è altamente personalizzabile: si può infatti stabilire il proprio palinsesto, anche in anticipo di giorni, e si può godere della fruizione dei contenuti su più dispositivi differenti (smartphone, smart tv, PC), in qualunque posto ci si trovi purché ci sia connessione Internet. Questa trasmissione è di tipo uno a uno (one to one).

Volete provare un servizio di streaming ma non siete sicuri di volervi iscrivere e dunque di pagare la mensilità?

Vi consiglio di effettuare l'iscrizione a Netflix, che vi dà la possibilità di visualizzare l'intera offerta di contenuti anche in Ultra HD (il formato video in alta definizione 3840×2160 pixel in diffusione sui televisori in commercio a partire dal 2016 in Italia) gratuitamente per un mese ed eventualmente di disdire il servizio ancora prima di cominciare a pagare le mensilità.

Se invece siete clienti Amazon e avete attivato il servizio di consegna Prime (costa circa 20 euro annui), sappiate che avete già inclusa nel vostro abbonamento la possibilità di visionare alcune serie tv prodotte da Amazon e dei film a catalogo. Basta recarsi su https://www.primevideo.com , cliccare in alto a destra su "accedi" e inserire le proprie credenziali Amazon.

Amazon Prime Video è disponibile su PC, Smart TV abilitate, Smartphone Android e iOS e Kindle Fire, il tablet di Amazon.

8.2   Streaming online gratuito

Esistono siti di streaming online che permettono la fruizione gratuita di film e serie tv appena usciti. Ma essendo contenuto protetto da diritti d'autore, com'è possibile che li trasmettano gratuitamente? La risposta è semplice: la maggior parte delle volte si tratta di siti che trasmettono in violazione delle attuali norme, e sono dunque definibili come siti di streaming pirata. Oltre a trasmettere materiale protetto, i titolari di questi siti lucrano inserendo delle inserzione pubblicitarie, anche decisamente invadenti, sulle varie pagine.

Se guardiamo un film su questi siti web, corriamo dei rischi a livello penale?

La normativa vigente non prevede che colui che **visualizza online** un filmato coperto da diritto d'autore compia un reato, ma **ne vieta** la riproduzione e il download o la trasmissione su un proprio spazio web (ad es. forum, blog, sito web).

Art. 171-ter Legge Diritto d'Autore: "*1. È punito, se il fatto è commesso per uso non personale, con la reclusione da sei mesi a tre anni e con la multa da euro 2.582 a euro 15.493 chiunque a fini di lucro: a) abusivamente duplica, riproduce, trasmette o diffonde in pubblico con qualsiasi procedimento, in tutto o in parte, un'opera dell'ingegno destinata al circuito televisivo, cinematografico, della vendita o del noleggio, dischi, nastri o supporti analoghi ovvero ogni altro supporto contenente fonogrammi o videogrammi di opere musicali, cinematografiche o audiovisive assimilate o sequenze di immagini in movimento (...)*"[24].

Dunque, almeno in Italia, è di fatto assente una normativa sulla sola fruizione di contenuti da siti di streaming pirata e perciò questa è tollerata.

I rischi nell'usufruire di questi servizi per scopi personali non sono dunque penali ma di altra natura: come accennato in precedenza, su questi canali siamo solitamente sottoposti a una pubblicità martellante che si manifesta anche con l'apertura incontrollata di schede del browser, le quali possono essere veicoli di trasmissione di contenuti per adulti quali ad esempio le chat erotiche, i siti di finanza online o i giochi d'azzardo, ma anche di pagine web contenenti virus o altro software dannoso.

Teniamoci dunque alla larga se possibile da questi siti web a meno di non essere consapevoli dei rischi per i nostri dispositivi e per i nostri cari, soprattutto se minorenni.

Qui di seguito trovate un elenco d'indirizzi di siti web di streaming gratuito. L'invito è quello di stare alla larga da qualunque link proveniente da uno di questi siti e <u>non di utilizzarli per la visione di materiale protetto da copyright!</u>

- **Tantifilm.org (ex Casacinema.eu)**
- **CinemaGratis.online**
- **FilmStreamita.com**
- **CinemaHd.club**
- **Filmstreamingita.info**
- **Filmpertutti.online**

- Italia-Film.me
- CasaCinema.click
- Cinemasubito.net
- Altadefinizione.tube
- Altadefinizione01.black
- Altadefinizione.blue
- Altadefinizione.plus
- Altadefinizione.zone
- Streaming-Italiano.net
- EuroStreaming.co
- Filmsenzalimiti.click
- Italiafilm01.co
- PirateStreaming.black
- Darkstream.club
- Itastreaming.me
- Guardarefilm.me
- PlayCinema.pw
- Cineblog-01.site
- Cineblog01.tube
- CB01.pw
- IlGeniodelloStreaming.co
- Cinemalibero.co
- MisterStreaming.online
- Guardaserie.online
- Italiaserie.co
- Filmstreaming.zone

9. Privacy sullo smartphone

9.1 Impostare un blocco schermo con codice

Il blocco dello schermo impedisce ad altre persone di curiosare all'interno del nostro cellulare nel caso lo prendessero.

Si può impostare un PIN, un codice di accesso o anche un codice disegnato.

Per farlo, su Android andiamo su "Impostazioni", "Sicurezza", "Blocco schermo". Qui abbiamo varie opzioni di blocco schermo:

- ***Nessuna***

Seleziona "Nessuna" se non desideri impostare una schermata di blocco. Questa opzione non offre alcuna protezione, ma ti consente di accedere rapidamente alla schermata Home.

- ***Trascinamento***

Questa opzione ti consente di sbloccare il dispositivo facendo scorrere un dito lungo lo schermo. Non fornisce alcuna protezione, ma ti consente di accedere rapidamente alla schermata Home.

- *Segno*

Questa opzione ti consente di sbloccare il dispositivo tracciando una semplice sequenza con un dito.

- *PIN*

Questa opzione richiede l'inserimento di almeno quattro numeri. I PIN più lunghi sono in genere più sicuri.

- *Password*

Questa opzione richiede l'inserimento di almeno quattro lettere o numeri. È l'opzione più sicura, a condizione che venga creata una password sicura.

Esistono anche altre opzioni di blocco, a seconda della tecnologia presente sul nostro dispositivo.

- *Impronta digitale*

Se il dispositivo è dotato di sensore di impronte digitali, puoi utilizzare la tua impronta digitale per sbloccarlo.

- *Sblocco automatico*

Puoi impostare il dispositivo in modo che si sblocchi automaticamente in determinate condizioni, ad esempio quando si trova a casa tua. Lo blocco automatico sfrutta i sensori dello smartphone (rete Internet, gps, Wi-Fi) per conoscere la tua posizione e dare libero accesso al dispositivo.

Non sempre la procedura per accedere a queste opzioni di sblocco è la stessa, poiché alcune aziende personalizzano il software e modificano la posizione delle voci del menù. Ad esempio sui dispositivi Huawei con Android 6, le impostazioni di sblocco si raggiungono da "Impostazioni", "Blocco schermo & password", "Password". Qui abbiamo le varie opzioni illustrate sopra.

9.2   Bloccare l'utilizzo di app tramite password o pin

Su Android è anche possibile impostare una password o un pin alle singole app, in modo che coloro che utilizzano il nostro dispositivo non possano accedere ad alcune app. Immaginiamo di dare la possibilità a un bambino di utilizzare il nostro smartphone: potremmo volergli vietare l'accesso a delle app collegate alle nostre carte di credito o a dei giochi violenti.

Ecco quindi che ci vengono incontro dei programmi che consentono di decidere se e quali app bloccare con password o pin.

I possessori di telefoni Huawei o di altri band che personalizzano molto software e interfaccia dei propri terminali (ad. es. Xiaomi) hanno delle app già integrate che permettono di bloccare l'accesso app per app.

- **Per i dispositivi Huawei**

Cerchiamo tra i programmi "gestione telefono" e clicchiamo su "blocco app". Se non lo troviamo facciamo uno swipe (scorrimento) verso destra nel pannello in basso. Dovremmo impostare un PIN e rispondere a una domanda di sicurezza. Chi possiede un dispositivo con lettore d'impronte potrà associare la propria impronta per sbloccare le app. Una volta impostato il PIN potremo scegliere quale app dovrà richiedere lo sblocco per essere aperta.

- **Per gli altri dispositivi**

I possessori di telefoni Android hanno la possibilità di scaricare dal Play Store delle app dedicate al blocco tramite PIN o impronta. Basterà scrivere "blocco app" nella barra di ricerca di Play Store e ci verranno restituiti dei risultati attinenti. Consiglio di provare CM Security AppLock Antivirus che, come dice il nome, svolge anche una funzione di controllo e rimozione di eventuali software malevoli.

I dispositivi Huawei offrono anche la possibilità di limitare l'accesso ai file oltre che alle app. Per farlo, cerchiamo l'app "Gestione file", già installata nel cellulare, e rechiamoci su "Locale" (in alto a destra). Qui troviamo la voce "Cassaforte". La prima volta che l'apriremo andrà impostato un PIN e sarà possibile associare la propria impronta, qualora il nostro smartphone possieda il lettore d'impronte. D'ora in avanti, i file che trasferiremo qui (con un semplice copia e incolla), saranno protetti e accessibili solo se inseriremo il PIN o se utilizzeremo la nostra impronta.

10. Privacy online e sui social network

10.1 Privacy online

Il concetto di privacy online è difficile da affrontare, primo perché chi ve ne parla non è laureato in diritto, e secondo perché, in Italia in particolar modo, è spesso travisato ed è venuta a crearsi una serie di false informazioni da confondere anche le persone più acculturate.

Cercherò dunque di affrontare l'argomento da fotografo e da utente comune dei social network, andando a vedere come alcune delle informazioni in nostro possesso siano parzialmente o totalmente sbagliate.

A quanti di noi è capitato di venir disturbati mentre si è intenti a fare delle foto in luogo pubblico o di essere sottoposti a un mini interrogatorio del tipo: "Cosa intendi fare con queste foto?" "Non le caricare su Facebook!", e altre affermazioni fatte con estrema sicurezza?

A me sì e parecchie volte!

Spesso si rimane spiazzati dal comportamento di gente che vede in qualche modo violata la propria privacy e non sappiamo neanche cosa dire in risposta alle loro affermazioni.

Iniziamo a fare un po' di chiarezza così da essere sicuri di tenere un comportamento lecito.

Innanzitutto non esiste più una vastità di leggi riguardanti in misura più o meno preponderante la privacy, ma l'insieme delle normative è stato raccolto in una norma del 2003 (decreto legge n.196[25]) chiamato **codice in materia di protezione dei dati personali** e, recentemente, nel **GDPR** (Regolamento Ue 2016/679).

Spesso si confonde la Privacy (quindi il codice in materia di protezione dei dati personali) con il diritto alla pubblicazione di una immagine. La legge 196/03 non ha inserito, per quanto riguarda la fotografia, molte novità rispetto alla legge 675/96; l'unico elemento innovativo, è la necessità di chiedere l'assenso esplicito per la pubblicazione di immagini che riguardano la salute dei personaggi pubblici.

10.2 Quali sono le principali regole di comportamento in ambito fotografico?

Il nostro riferimento in questo caso è la legge riguardante la protezione del diritto d'autore e di altri diritti connessi al suo esercizio (legge 633/41).

Iniziamo col dire che per pubblicare l'immagine di una persona non famosa occorre in generale la sua autorizzazione (art. 96 e 97 legge 633/41)[26].

Se però di questi scatti ne facciamo un uso giornalistico (diritto di cronaca) oppure se la riproduzione dell'immagine è giustificata da necessità di giustizia o di polizia, da scopi scientifici, didattici o culturali, o quando la riproduzione è collegata a fatti, avvenimenti, cerimonie di interesse pubblico o svoltisi in pubblico, **allora non occorre il consenso della persona ritratta**. Tendenzialmente dunque le immagini di luoghi pubblici in cui le persone ritratte sono contestualizzate nell'ambiente ritratto e non isolate sono pubblicabili senza problemi.

Per pubblicare con finalità giornalistiche immagini di personaggi famosi non occorre autorizzazione[27].

In ogni caso però la pubblicazione richiede autorizzazione e comunicazione al Garante se la pubblicazione può risultare lesiva (legge 633/41)[28] all'immagine del soggetto ritratto se ne fornisce indicazioni sullo stato di salute, sull'orientamento politico, sul credo religioso o sulla vita sessuale (dlgs 196/2003)[29].

Categorie protette

Minori e persone in condizioni di disagio psicofisico ed economico sono categorie più sensibili ed è dunque corretto fare attenzione sia in fase di scatto sia di pubblicazione.

- o **Minori**

Il Garante della Privacy ha dichiarato che la tutela del minore immortalato in una foto deve essere rispettata non solo nei casi di un suo coinvolgimento in fatti di cronaca nera, ma in qualunque ambito della vita quotidiana. E ciò vale anche per le testate giornalistiche, non solo per i privati. Non è però proibito per il fotografo detenere negativi o file contenenti l'immagini di minori a patto che non venga data pubblicazione senza assenso di queste immagini e che queste ovviamente non siano di natura pedopornografica.

- o **Persone disagiate**

La Corte di Cassazione con la sentenza n. 3721/2012 ha stabilito che è d'obbligo per i mass media oscurare immagini di persone in qualche modo coinvolte in fenomeni sui quali grava un pesante giudizio negativo della collettività. Quindi, per non ricadere in questa tipologia di eventi, è sempre opportuno evitare situazioni del genere. È ad esempio considerabile diffamazione pubblicare su canali pubblici (mass media ma anche social network) foto di mendicanti o di persone disagiate se chiaramente riconoscibili.

Analizziamo dunque un esempio.

Premessa: abbiamo deciso di realizzare un reportage riguardante gli usi e i costumi degli italiani nel periodo natalizio.

Location: decidiamo di scattare le foto in centro città perché vogliamo ritrarre anche i monumenti storici e le vie dello shopping.

Situazione: iniziamo a scattare utilizzando la location precedentemente stabilita e riprendendo la massa di gente intenta a fare compere. Ecco che ci viene incontro una persona che, con fare maleducato, ci dice che stiamo violando la sua privacy, ci chiede di cancellare le foto e di andarcene.

Noi ora sappiamo che non è così, dato che, in ottemperanza all'attuale normativa, stiamo scattando delle foto con intento culturale. Specifichiamo dunque al signore che non stiamo commettendo nessun reato e che richiedere la cancellazione delle foto non è nei suoi diritti, dal momento che l'articolo di legge parla di pubblicazione e non di detenzione.

Se il signore insiste il mio suggerimento è quello di non arrabbiarsi e di allontanarsi, perché non c'è peggior sordo di chi non vuole sentire. Qualora invece il soggetto continui a importunarci rivolgiamoci al più vicino ufficiale di pubblica sicurezza ed esponiamo il problema citando eventualmente l'articolo di legge (articolo 97 legge 633/41), poiché non è detto che il pubblico ufficiale conosca a memoria la normativa vigente.

In questo modo abbiamo fatto valere i nostri diritti e le nostre libertà senza danneggiare in alcun modo i soggetti ritratti.

Secondo esempio

Premessa: ci troviamo sempre in un luogo pubblico e notiamo una persona attraente vicino a noi. Decidiamo di fotografarla.

Situazione: questa persona palesa il suo fastidio ad essere ripresa, ma a noi non interessa e continuiamo a scattare.

Attenzione! Qui si entra in una situazione non contemplata dalla normativa riguardante la protezione del diritto d'autore e di altri diritti connessi al suo esercizio (legge 633/41) ma si parla di reato di molestie.

Per di più è del tutto irrilevante il motivo che ci spinge ad agire, poiché ai fini del dolo è sufficiente la coscienza e volontà di tenere una condotta molesta (Sez. 130 aprile 1998 n. 7051, rv. 210724).

Qualora non avessimo tenuto un comportamento indifferente nei confronti del soggetto ritratto probabilmente ce la saremmo cavata con delle semplici scuse, anche se va specificato che persino una sola foto può essere ritenuta una molestia.

Come abbiamo visto, le situazioni e le modalità di azione sono quelle che fanno la differenza tra una condotta idonea e una non lecita.

10.3 Privacy in rete e nei social network

Per privacy in rete e nei social network si intende il diritto dell'utente che utilizza applicativi web e, appunto, i social network, di controllare quali informazioni lo riguardano e che queste vengano trattate nel rispetto della normativa vigente, ossia del **codice in materia di protezione dei dati personali (legge 196/03)**. Prevede anche che l'utente possa autodeterminarsi e intervenire sulla loro diffusione.[30]

I servizi web che utilizziamo sono obbligati a rilasciare la cosiddetta informativa sulla privacy, ossia una pagina in cui si descrivono le modalità di gestione del sito in riferimento al trattamento dei dati personali degli utenti che lo consultano. Noi utenti possiamo dunque controllare come questi dati vengono trattati e, in alcuni casi (a dire il vero pochi!), revocare il consenso al trattamento.

Perché ho detto che in pochi casi possiamo revocare il consenso al trattamento?

Perché alcuni servizi per funzionare hanno necessariamente bisogno dei dati dell'utente. Pensiamo ad esempio a Facebook; riuscite a immaginarlo senza nomi e cognomi? Certo, mi direte che si potrebbero usare dei nickname (soprannomi), ma verrebbe meno la funzionalità di base del social network (ricordate il sistema delle amicizie?) che risulterebbe essere uno strumento decisamente differente dall'attuale.

Nell'ottobre 2008 si è svolta una Conferenza Internazionale delle authority predisposte alla vigilanza del rispetto della privacy dei vari paesi partecipanti, e si è discusso anche in merito ai rischi dati dalle innovazioni tecnologiche, in particolare i social network. Si è palesata la necessità di colmare alcune carenze legislative. Le raccomandazioni dei garanti alle aziende che gestiscono questi servizi riguardano principalmente:

- **la trasparenza delle informazioni;**

- **il controllo da parte degli utenti sui dati che li riguardano;**

- **le impostazioni di default orientate alla privacy;**

- **il potenziamento delle misure di controllo al fine di impedire gli accessi abusivi ai profili-utente da parte di soggetti terzi, ad esempio mediante dispositivi di spidering:** uno spider o crawler è un software che analizza i contenuti di una rete (o di un database) in un modo metodico e automatizzato e inserisce le informazioni in un indice a disposizione di coloro che lo lanciano;

- **la semplificazione delle operazioni di recesso dal servizio;**

- **il previo consenso dell'utente affinché siano indicizzati i dati del proprio profilo.**

10.4   Facebook e privacy

Abbiamo già visto nel capitolo che parla dell'utilizzo base di Facebook, che esiste uno strumento di controllo su chi può visualizzare i nostri post. L'abbiamo considerato come uno dei metodi per selezionare il pubblico ma ora comprendiamo che di fatto si tratta di una funzione strettamente legata al concetto di privacy. Come detto, possiamo stabilire che il nostro post venga mostrato a tutti gli amici, a tutti gli utenti di Facebook (compresi gli estranei), che venga riservato solo a me, come una sorta di soliloquio o appunto oppure che sia visualizzabile da un gruppo ristretto di persone, selezionate tramite il comando "Altre opzioni – Personalizzata".

Quello che non abbiamo ancora visto è il pannello di controllo generale del nostro account di Facebook, tramite il quale possiamo impostare tutta una serie di opzioni legate alla privacy e alla sicurezza del nostro account.

Le impostazioni che andrò a mostrare di seguito sono raggiungibili sia su smartphone che su PC.

Apriamo Facebook tramite sito web e clicchiamo sull'icona a forma di freccia rivolta verso il basso presente in alto a destra sulla barra blu (per PC), oppure apriamo Facebook tramite app e clicchiamo sul tab menù (icona composta da tre linee orizzontali) se stiamo usando lo smartphone.

Scorriamo giù fino a trovare "impostazioni" (su PC) o "impostazioni account" (su smartphone) e clicchiamo questa voce. Qui le impostazioni sono praticamente le stesse sia su PC che su smartphone quindi prenderò come riferimento l'applicazione mobile.

Ci interessa visualizzare le impostazioni relative alla privacy e alla protezione dell'account quindi iniziamo cliccando su "protezione".

In questa sezione abbiamo un'opzione molto utile: l'avviso di accesso. Quando qualcuno accede al nostro account da un dispositivo che solitamente non utilizziamo, potremo ricevere un avviso tramite l'email che abbiamo inserito in fase di registrazione e tramite delle notifiche su Facebook. Chiaramente riceveremo questi avvisi anche quando saremo noi stessi ad accedere al nostro account sul social network su un dispositivo diverso da quelli che il sistema conosce. Possiamo anche decidere di voler approvare l'accesso dai dispositivi sconosciuti di volta in volta: basterà spuntare "Approvazione degli accessi attiva".

Facebook offre un sistema di tracciamento dei dispositivi utilizzati per accedere e dei luoghi in cui queste sessioni vengono avviate. Basterà cliccare su "dispositivi riconosciuti" e su "dove hai effettuato l'accesso".

Oltre a queste utili opzioni, sempre nel tab "impostazioni di protezione" abbiamo due strumenti che permettono a contatti fidati di aiutarci ad accedere al nostro account qualora avessimo problemi d'accesso (ad es. password smarrita) e, sempre a familiari o amici stretti, di avere a disposizione la gestione del nostro account nel malaugurato caso ci capitasse qualcosa di brutto.

Queste due opzioni sono appunto "i tuoi contatti fidati" e "contatto erede".

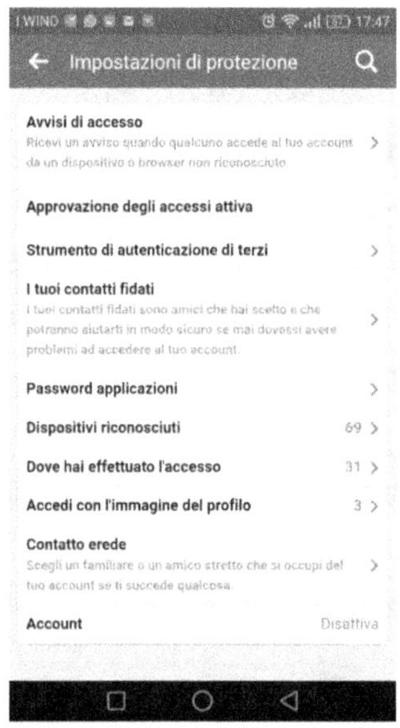

Figura 52. Impostazioni di protezione

Ora andiamo indietro nel menù "impostazioni account" e clicchiamo su "privacy".

Abbiamo tutta una serie di opzioni sotto forma di domande che ci aiutano nella corretta impostazione. Immaginiamo per esempio di voler stabilire qual è la prassi che Facebook deve tenere nel momento in cui pubblichiamo un post. Ci basterò cliccare sulla domanda "chi può vedere i miei post futuri?" e da qui decidere la privacy degli elementi che condividiamo. Qualora volessimo modificare la privacy del singolo post sarà sempre possibile farlo, semplicemente utilizzando il metodo che abbiamo già visto in precedenza.

Possiamo altresì decidere chi può contattarci e chi può cercarci su Facebook; come sempre basterà rispondere alle singole domande dopo aver cliccato sulla specifica domanda.

I WIND
Connessione da parte tua

Chi può vedere le mie cose?

Chi può vedere i tuoi post futuri?
Amici

Chi può vedere le persone, le pagine e le liste che segui?
Tutti

Vuoi limitare il pubblico dei post che hai condiviso con gli amici degli amici o con il pubblico?

Chi può contattarmi?

Chi può inviarti richieste di amicizia?
Tutti

Chi può inviarti messaggi di Facebook?
Tutti

Chi può cercarmi?

Chi può cercarti usando l'indirizzo e-mail che hai fornito?
Tutti

Chi può cercarti usando il numero di telefono che hai fornito?
Tutti

Desideri che i motori di ricerca esterni a Facebook reindirizzino al tuo profilo?
Sì

Figura 53.

Immaginiamo di essere infastiditi da un contatto di Facebook. Come spiegato in precedenza la soluzione al problema potrebbe essere quella di non accettare la sua amicizia o di toglierlo dagli amici. Per rimuoverlo basterà recarci sulla sua pagina, cliccare sull'icona blu "amici" e scegliere "rimuovi dagli amici".

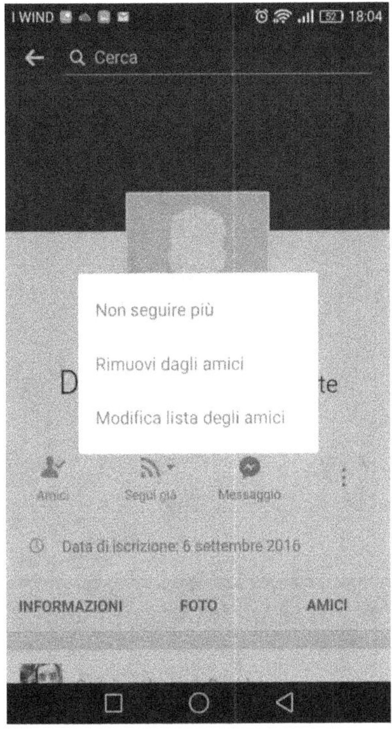

Figura 54.

Questa soluzione potrebbe però non essere sufficiente. Ricordate che esiste la possibilità di pubblicare post pubblici? Ebbene, il contatto fastidioso potrebbe decidere di seguire lo stesso i nostri post, in barba alla nostra decisione di non averlo più tra le amicizie.

Facebook fornisce un'ulteriore soluzione a questa problematica. Recandoci infatti nel tab "impostazioni account", notiamo la voce "blocco".

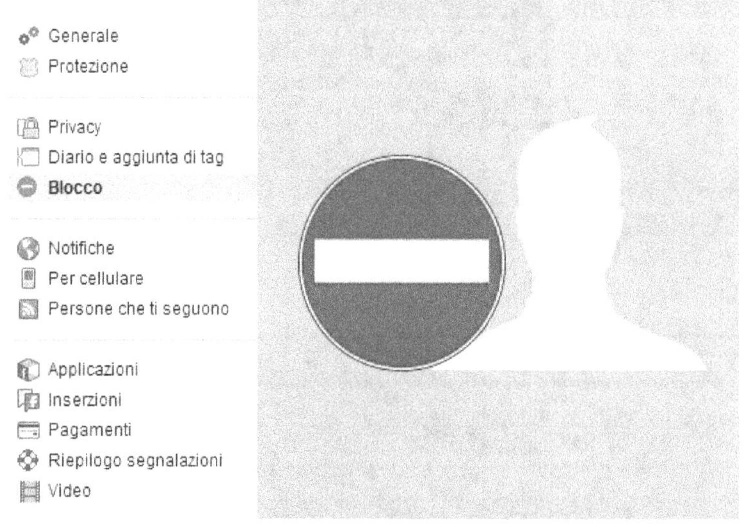

Figura 55. Blocco

Cliccando qui potremo inserire il nome della persona che non vogliamo possa vedere ciò che pubblichiamo, oppure possa taggarci, invitarci agli eventi o ai gruppi, o ancora scriverci in privato o inviarci richieste d'amicizia.

Le principali opzioni relative alla privacy sono disponibili anche in un'altra schermata: recandoci nel menù principale dell'applicazione troviamo la voce "collegamenti rapidi alla privacy". Qui troviamo un wizard, ossia una procedura informatica che semplifica delle operazioni solitamente complesse tramite una serie di passi successivi. Questo wizard si chiama "controllo della privacy" e può essere avviato cliccandoci sopra.

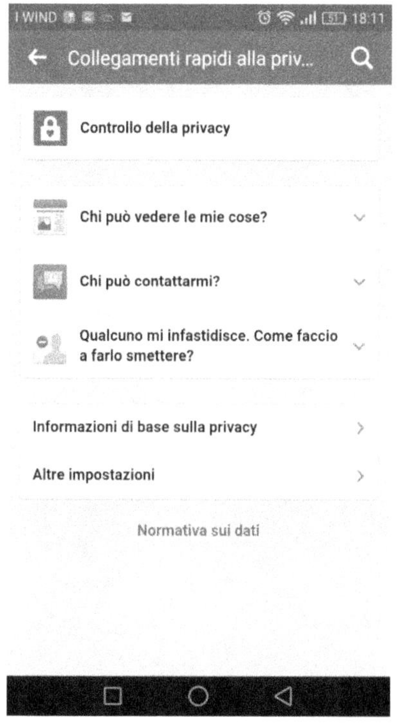

Figura 56. Collegamenti rapidi alla privacy

Insomma, Facebook fornisce tutta una serie di controlli sui nostri dati sensibili e ci dà modo di proteggerli a dovere. Sta a noi imparare a utilizzare al meglio lo strumento e non aver paura che l'azienda possa reimpostare o in qualche modo violare le nostre decisioni in materia di privacy.

11. Antivirus nello smartphone: è davvero utile?

Come abbiamo visto all'inizio di questa guida, all'inizio il cellulare era un dispositivo decisamente diverso da quelli attuali: non aveva app scaricabili e soprattutto non necessitava di una connessione ad Internet per funzionare al 100%.

Ora lo smartphone è diventato uno strumento di controllo multimediale completo, con una potenza di calcolo alle volte pari, se non addirittura superiore, a quella degli attuali PC. Ciò ha spinto i programmatori a realizzare app sempre più complesse che rispondano alle necessità degli utenti. Quest'abbondanza di applicativi per dispositivi mobile e la diffusione capillare degli smartphone nel mondo ha però stimolato un altro tipo di sviluppo software: quello dei cosiddetti malware, abbreviazione di malicious software (software dannoso), ossia applicazioni il cui intento è danneggiare o far svolgere azioni non intenzionali su un dispositivo elettronico.[31]

Ecco quindi che virus, spyware, worms e trojan horses, da una diffusione su PC sono diventati anche un problema per gli smartphone!

11.1   Come proteggersi?

Iniziamo con il dire che questi programmi dannosi non arrivano dal cielo. Tendenzialmente viaggiano all'interno di applicazioni che crediamo innocue e che dunque installiamo noi stessi con leggerezza sul nostro smartphone. Esistono anche casi di software dannoso autoinstallante, ma tenendo un comportamento corretto mentre navighiamo sul web, soprattutto evitando siti pericolosi (e questa guida ve ne ha dato un esempio nella sezione che parla dei siti di phishing e dei siti di streaming), possiamo stare tranquilli.

Studiamo dunque l'installazione di software dannoso tramite le app da noi scaricate.

La prima cosa in assoluto da fare è quella di **scaricare applicazioni solo da fonti sicure**, perciò utilizziamo i market forniti dalle aziende produttrici del sistema operativo o del nostro smartphone. Questi market sono:

- **Play Store, per i sistemi Android**

- **App Store, per i dispositivi Apple**

- **Windows Store, per i dispositivi Microsoft Windows**

- **Samsung Galaxy App, per i dispositivi Samsung, indipendentemente dal sistema operativo.**

Esistono anche store di altre aziende, installati già sui dispositivi, ma che qui non verranno presi in considerazione data la loro bassa diffusione.

Cerchiamo dunque di non installare app che provengono da altre fonti. Possiamo assicurarci che queste app non vengano installate in modo accidentale o automatico aprendo le impostazioni di Android e recandoci nel pannello dedicato alla privacy. Scorrendo verso il basso troveremo "Origini sconosciute": se questa opzione è attiva andiamo a disattivarla, se invece non lo è, sul sistema non potranno essere installate applicazioni provenienti da altre fonti che non siano il Play Store.

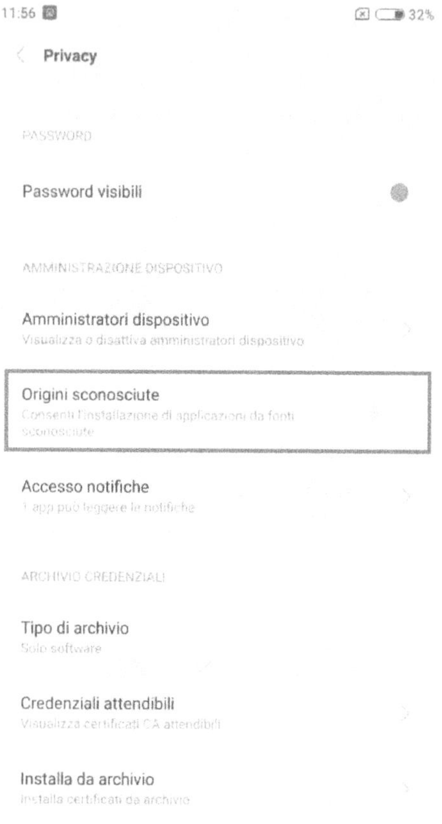

Figura 57. Disattivazione "Origini sconosciute"

Abbiamo bloccato la possibilità di installare app provenienti da fonti diverse dal Play Store.

Siamo dunque al riparo da software dannoso?

Purtroppo no.

Diversamente dal sistema operativo iOS di Apple, che risulta di fatto un sistema chiuso dato che tutte le applicazioni presente nell'App Store devono essere esplicitamente approvate dai tecnici della società, Android non richiede un processo di pre-autorizzazione per la diffusione di app all'interno del Play Store.[32]

Quindi dobbiamo fare comunque attenzione a cosa installiamo.

Ecco che l'installazione di un antivirus nel cellulare potrebbe essere utile a ridurre i rischi di un'installazione accidentale di app dannose.

Un'app antivirus di cui abbiamo già fatto cenno è CM Security AppLock Antivirus.

Questa applicazione permette, oltre al controllo e alla rimozione delle minacce e dello spam, anche una protezione da persone non autorizzate a utilizzare il nostro cellulare. Il blocco delle app tramite PIN è uno di questi sistemi di protezione.

Esiste anche una versione lite di questa app, per i dispositivi meno prestanti, che ha solo le funzioni proprie dell'antivirus.

Se invece volessimo affidarci a un nome noto del settore, allora Avast può essere la scelta giusta.

Figura 58. Avast

Con il suo Mobile Security & Antivirus, Avast monitora costantemente il nostro dispositivo alla ricerca di app e/o elementi sospetti. Come CM Security AppLock Antivirus, consente anche la protezione della nostra privacy bloccando l'accesso alle app da noi scelte, e blocca anche le chiamate provenienti dai numeri che decidiamo di mettere nella black list. Immaginiamo di essere costantemente disturbati da un call center: basterà salvare il numero all'interno della black list e le chiamate verranno automaticamente bloccate da questa app.

Scarichiamo Mobile Security & Antivirus semplicemente cercando "Avast" nel Play Store. Diamo l'avvio cliccando su installa e accettiamo le condizioni (se appaiono).

Dopo l'avvio dovremo configurarlo cliccando su Continua. Ora se vogliamo possiamo fare una prima scansione del dispositivo cliccando su Analizza questo dispositivo. Il sistema potrebbe rilevare un "rischio per la sicurezza: semplicemente Avast vuole che si attivi il "Supporto Chrome", ossia una protezione in tempo reale che monitora il traffico web. Se vogliamo possiamo attivarla cliccando su Attiva, e recandoci su Impostazioni (del dispositivo) – Accessibilità – tasto accanto ad Avast Mobile Security su ON.

La schermata principale dell'antivirus presenta delle icone in alto. Se siamo sul menù scansione (icona a forma di lente d'ingrandimento), vedremo il tasto "Analizza questo dispositivo" e una serie di utility, tra cui la scansione della rete Wi-Fi e la rimozione dei file inutili. Se clicchiamo in alto a destra sull'icona con le tre linee orizzontali, andiamo nel menù di Avast e possiamo accedere a delle funzioni tra cui quella per bloccare l'accesso alle app tramite PIN e bloccare le chiamate indesiderate. Cliccando sull'icona di Avast in alto a sinistra vedremo invece delle altre app della suite, scaricabili da Play Store. Durante l'installazione di una nuova app vedremo agire la scansione dell'antivirus che ci eviterà di scaricare software dannoso per il nostro smartphone.

Esistono tanti altri sistemi antivirus che offrono funzionalità simili a quelle di Avast come ad esempio:

- Kaspersky

- AVG

- ESET Mobile Security

- Avira

- Norton

Sta a voi provarli e valutare quello con cui vi trovate meglio.

Ma allora, questo antivirus sullo smartphone serve o no?

La domanda è mal posta; quella che dovremmo farci è: "l'antivirus è utile nel mio caso oppure no?"

Personalmente consiglierei agli utenti alla prima esperienza nell'uso dello smartphone di installare appena possibile un antivirus, anche gratuito.

Agli utenti più esperti invece, dico che se volete consapevolmente installare app provenienti da altri canali e pensate di avere un buon controllo di quello che succede sul vostro dispositivo, potete anche farne senza.

12. Assistenti vocali

Sapete che potete far svolgere delle azioni al vostro smartphone con la sola voce, dunque senza toccare (eccessivamente) il dispositivo?

Le aziende produttrici infatti hanno da qualche tempo inserito degli assistenti vocali nei loro sistemi operativi.

I principali sono:

- **Google Now**, presente negli smartphone Android.

- **Siri**, negli iPhone.

- **Cortana**, negli smartphone Windows Phone.

I tre assistenti sono molto simili tra loro e possono venire in nostro aiuto tramite la pressione di un tasto (ad esempio il tasto "Home" per gli iPhone) oppure tramite una frase. Se abbiamo uno smartphone Android pronunceremo "Ok Google", se invece abbiamo Windows Phone basterà pronunciare "Ehi Cortana".

12.1 Configurazione di Ok Google

Data la diffusione degli smartphone Android, consideriamo solo l'impostazione di "Ok Google". Il funzionamento di Siri e di Cortana è molto simile, quindi i comandi vocali che vedrete di seguito potrete provarli anche con questi assistenti.

Seguiamo il procedimento descritto da Google sulla sua pagina di supporto[33].

1.	Assicurati di avere l'ultima versione dell'app Google. Per scaricare l'ultima versione, visita la pagina dell'app Google sul Play Store e tocca **Aggiorna**).
2.	Apri l'app Google .
3.	In alto a sinistra, tocca Menu > **Impostazioni** > **Voce** > **Rilevamento "Ok Google"**.
4.	Seleziona la casella "Dall'app Google".

Su alcuni dispositivi puoi modificare alcune impostazioni per attivare il rilevamento di "Ok Google" anche al di fuori dell'app Google. A tale scopo, procedi nel seguente modo:

1.	Seleziona la casella "Da qualsiasi schermata" o "Sempre attivo".
2.	Segui le istruzioni per consentire a Google di memorizzare e riconoscere la tua voce.

Dunque, abbiamo impostato "Ok Google".

Cosa ce ne facciamo?

"Ok Google" può essere utilizzato per tutta una serie di azioni che solitamente svolgiamo con le dita. Un esempio? Provate a dire: "Ok Google, invia un SMS". Il sistema vi chiederà: "A chi vuoi mandare un messaggio di testo?". Noi potremo fare il nome di un contatto a cui inviare l'SMS, dopodiché il sistema ci chiederà: "Qual è il messaggio?" e noi potremo comporlo verbalmente.

Ci sono tante altre funzioni che possono essere svolte da Google tramite la sua assistenza vocale. Questo qui di seguito è un elenco non esaustivo. Tra virgolette la frase da formulare a Google.

Impostare la sveglia: ad esempio: "Imposta una sveglia alle 07:00" o "Imposta una sveglia ogni venerdì mattina alle 7:00"

Impostare un promemoria: ad esempio: "Ok Google, promemoria", oppure "Ricordami di chiamare Mario Rossi alle 9".

Creare un evento: ad esempio: "Ok Google, crea un evento".

Chiamare un contatto: "Chiama Mario Rossi".

Ottenere indicazioni stradali: ad esempio "Navigazione verso Milano".

Conoscere le previsioni del tempo: ad esempio "Che tempo farà domani?"

Insomma, le possibilità sono davvero tante e in futuro saranno sempre di più, perché il sistema funziona indipendentemente dal modello di smartphone in nostro possesso e viene aggiornato da Google stessa, non dai produttori dei dispositivi.

13. Smarrimento o furto dello smartphone: cosa fare?

Non sappiamo dove abbiamo messo lo smartphone. Forse l'abbiamo lasciato a casa e ora ci troviamo al lavoro, forse in macchina, o magari l'abbiamo smarrito in qualche altro luogo!

Niente panico. Esistono per fortuna degli strumenti che possono risultare utili in questi casi.

Iniziamo col dire che lo smartphone è un dispositivo dotato di GPS e di altri sistemi di localizzazione, quindi le aziende produttrici dei vari sistemi operativi hanno trovato il modo di sfruttare questi servizi di localizzazione per aiutarci a trovare il dispositivo smarrito.

13.1 Android

Se abbiamo un dispositivo Android assicuriamoci subito di avere le impostazioni di localizzazione attive, PRIMA che si presenti la necessità di dover trovare lo smartphone.

Rechiamoci in "Impostazioni Google" (o "impostazioni", "Google") e selezioniamo "Sicurezza".

Qui assicuriamoci che siano attive queste due impostazioni:

- **Localizza questo dispositivo da remoto**

- **Consenti blocco e cancellazione da remoto**

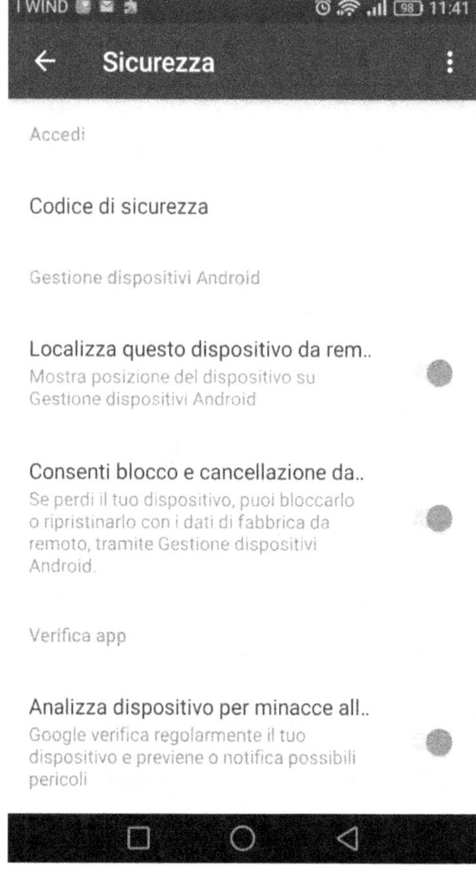

Figura 59. Sicurezza

Queste due opzioni sono abbastanza chiare; consentiranno a Google prima di tutto di utilizzare i sistemi di localizzazione del cellulare (GPS, rete telefonica e Internet), e gli permetteranno, dietro nostro comando, di bloccare lo smartphone o addirittura cancellare i dati presenti sul dispositivo.

13.1 .1   Abbiamo smarrito il telefono. E ora?

Ci ricordiamo che abbiamo attivato le impostazioni di localizzazione di Google quindi ci rechiamo sul sito https://www.google.com/android/devicemanager o scarichiamo l'app "Gestione dispositivi Android" su un altro smartphone o tablet.

Importante: effettuiamo l'accesso con lo stesso account Google utilizzato sullo smartphone smarrito!

Una volta effettuato l'accesso ci ritroveremo di fronte a una schermata simile:

Figura 60. Localizzazione

Il nome EVA-L09 è quello del mio smartphone attuale. Non è il nome commerciale (nel mio caso Huawei P9).

La freccetta a destra del nome vi dà la possibilità di scegliere un altro vostro dispositivo Android nel caso ne abbiate più di uno.

Come vedete il sistema di localizzazione mi mostra un'area, a dire il vero fin troppo ampia, dove si trovava il mio smartphone durante l'ultima rilevazione. È già qualcosa!

Immaginiamo di abitare al di fuori di questa zona e di lavorare all'interno; possiamo dedurre che il dispositivo non si trova a casa nostra e sperare che si trovi da qualche parte nel nostro ufficio o nelle immediate vicinanze.

Non ci resta che provare a farlo squillare.

Clicchiamo su "Fai squillare". Il sistema farà squillare il cellulare al massimo volume per cinque minuti.

Avete trovato il telefono? Io sì; era in carica in un'altra stanza!

13.1 .2 Abbiamo un'estrema difficoltà a ritrovarlo?

Possiamo evitare che estranei interagiscano con lo smartphone ed eventualmente accedano ai nostri dati bloccando il telefono. Clicchiamo "Blocca" e seguiamo i passaggi forniti da Google. Dovremo digitare una password da usare per bloccare il telefono nei campi Nuova password e Conferma password, se vogliamo un messaggio per il ripristino da visualizzare nella schermata di blocco e, sempre se vogliamo, un numero di telefono da contattare nel caso qualcuno dovesse trovare il dispositivo.

13.1 .1   Abbiamo invece la certezza che sia stato rubato?

La prima cosa che suggerisco è denunciare il furto alle autorità. Nel caso avessimo dati sensibili sullo smartphone, da noi ritenuti più importanti del dispositivo stesso, allora possiamo provare a cancellare il contenuto del cellulare cliccando su "Cancella": verranno eliminate le impostazioni dell'account, i dati e le app scaricate, mentre alcuni file presenti sulla memoria esterna potrebbero rimanere disponibili. Eliminando le impostazioni Google, il servizio di localizzazione verrà disattivato e non sarà più possibile tentare di rintracciare il dispositivo tramite "Gestione dispositivi Android".

Esistono anche altri servizi che permettono di localizzare il dispositivo come fa "Gestione dispositivi Android", ma forniscono anche altre funzionalità. Tra le più importanti: l'attivazione di comandi in remoto tramite SMS, senza connessione a Internet, la possibilità di scattare foto all'ambiente circostante o registrare l'audio così da avere informazioni sull'eventuale ladro.

Cito due di questi servizi:

Wheres My Droid. Permette di scattare delle foto in remoto, bloccare lo smartphone o farlo squillare. Per il blocco è necessario installare la versione a pagamento.

Cerberus. Il sistema antifurto probabilmente più completo. Ci fornisce il controllo remoto da Internet e via SMS (senza connessione Internet), localizza i dispositivi sulla mappa, avvia un allarme, blocca e cancella i dati presenti sul dispositivo, scatta foto in remoto e premette, sempre in remoto, di fare il backup dei dati.

Cerberus può essere provato per una settimana, dopodiché dovremo necessariamente acquistare una licenza per almeno un dispositivo al costo di €5 all'anno.

13.2   iPhone

Se possediamo un dispositivo Apple, ci dobbiamo assicurare che sia attivo il servizio "Trova il mio iPhone".

Andiamo prima su Impostazioni - Privacy - Localizzazione e impostiamo "Localizzazione" su ON.

Poi ci rechiamo in Impostazioni – iCloud – Trova il mio iPhone e accendiamo la funzione (Sì).

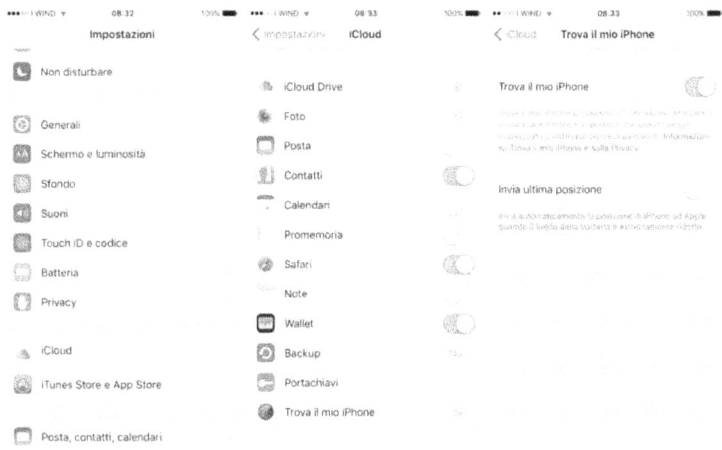

Figura 61. Trova il mio iPhone

13.2 .1   iPhone smarrito

Rechiamoci sul sito di iCloud https://www.icloud.com e inseriamo l'ID Apple e la nostra password (per intenderci, le credenziali che utilizziamo quando scarichiamo un'app da App Store).

Ora clicchiamo su "Trova il mio iPhone".

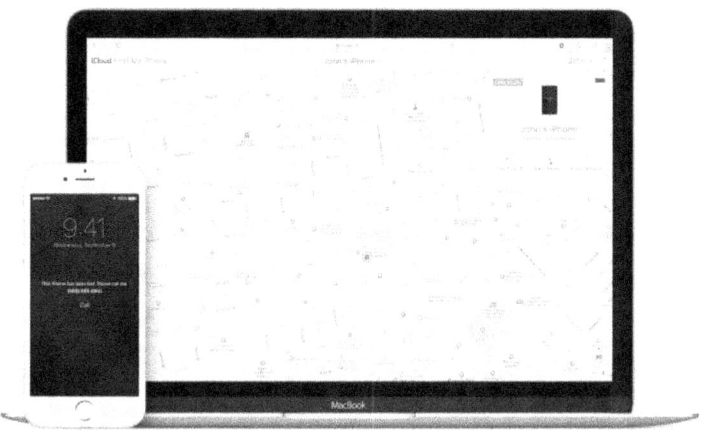

Figura 62. Trova il mio iPhone

Il funzionamento è simile a quello di "Gestione dispositivi Android", infatti potremo far squillare lo smartphone ma anche bloccarlo tramite il comando "modalità smarrimento" (blocco con codice e messaggio personalizzato nella schermata di sblocco), ed eventualmente cancellarne i dati cliccando su "Inizializza l'iPhone". Il procedimento è lo stesso sia da PC sia da un altro dispositivo mobile sul quale è installata l'app "Trova il mio iPhone". Chiaramente, anche in questo caso, dovremo effettuare l'accesso con il nostro ID Apple.

13.3   Windows Phone

E se abbiamo uno smartphone con sistema operativo Microsoft Windows?

Microsoft ci fornisce un sistema analogo a quello dei suoi competitor. Basterà accedere al sito account.microsoft.com/devices con il nostro account Microsoft, lo stesso utilizzato sul nostro dispositivo.

Figura 63. Elenco dispositivi Microsoft

Qui vediamo i dispositivi sui quali utilizziamo il nostro account Microsoft e possiamo effettuare una serie di azioni tra cui:

- ***Trova il mio dispositivo***

- ***Ottieni assistenza***

- ***Scarica le app***

- ***Rimuovi tablet/PC/telefono***

Ci interessa l'opzione "Trova il mio dispositivo".

Cliccando qui potremo bloccare il telefono con un PIN, farlo squillare o cancellare i dati presenti al suo interno. Cancellando i dati perderemo anche la possibilità di localizzare lo smartphone.

Figura 64. Trova il mio telefono

Attenzione: il dispositivo da localizzare deve essere acceso, connesso alla rete Internet e avere la localizzazione attiva nelle sue impostazioni.

Come abbiamo visto esistono dei metodi per rintracciare (o quantomeno provarci) il nostro smartphone, quindi cerchiamo di cedere al panico e di intraprendere le varie azioni in sequenza, dalla più basilare (lo squillo forzato) alla più radicale (denuncia per furto e/o cancellazione dei dati).

14. Codice della strada e smartphone

Spesso vediamo gente guidare ed utilizzare lo smartphone. Ma è concesso l'utilizzo di questi strumenti mentre si guida?

Secondo il Codice della Strada è generalmente vietato utilizzare il cellulare in auto, non solo mentre guidiamo ma anche quando siamo fermi nel traffico! La legge parla di divieto in marcia, quindi qualunque manovra di guida a motore acceso è inclusa in questa definizione tranne quando siamo fermi in un parcheggio.

L'utilizzo del cellulare è consentito qualora indiretto, ossia senza maneggiare l'apparecchio.

Possiamo quindi effettuare e ricevere chiamate ma solo utilizzando auricolari, possibilmente in un unico orecchio, o meglio ancora impianti bluetooth, che devono essere sincronizzati prima di metterci in marcia, e/o comandi vocali, in modo da non toccare minimamente lo smartphone.

Cosa si rischia a utilizzare il cellulare in auto violando il Codice?

Prima di tutto mettiamo a repentaglio la nostra vita e quella dei nostri passeggeri, nonché quella di eventuali pedoni e degli occupanti dei veicoli intorno a noi.

Secondo l'Istat[34] quasi la metà degli incidenti stradali sono dovuti a distrazioni nell'abitacolo e tra queste l'utilizzo dello smartphone la fa da padrone.

Oltre a i rischi fisici, usare il cellulare alla guida comporta delle sanzioni amministrative: la multa per l'uso di cellulare alla guida va da 161 fino a 647 euro, con decurtazione di 5 punti dalla patente.

Se nei 24 mesi successivi al primo verbale lo stesso conducente viene multato di nuovo per la stessa ragione la patente viene sospesa da 1 a 3 mesi.

15. Cosa ci riserverà il futuro?

15.1   Il 5G

Il 5G in realtà è già presente. Si tratta della tecnologia di comunicazione successiva al 4G, che a sua volta ha preso il posto del 3G, divenuta famosa grazie alla pubblicità degli operatori telefonici. La tecnologia 5G non solo va ad aumentare la velocità di navigazione dei dispositivi connessi ad essa ma aumenta esponenzialmente il numero degli apparecchi elettronici che possono essere collegati alla stessa rete, nonché la copertura del segnale dati e l'efficienza.

Il caso d'uso principale, che ha portato allo sviluppo di questa tecnologia e ne garantirà la diffusione è il cosiddetto Internet of things, letteralmente l'Internet delle cose. Con questo neologismo si intende la possibilità di collegare alla rete non solo i PC e gli smartphone, ma anche tutta una serie di oggetti del mondo reale, dalle auto ai sistemi d'illuminazione, dai frigoriferi alle lavatrici; insomma, tutta una serie di dispositivi potranno essere controllati in remoto proprio perché connessi essi stessi alla rete Internet.

15.2   AI

Tra le tecnologie che potranno beneficiare delle future reti ad alta velocità ma che di fatto stanno già prendendo piede con le attuali infrastrutture di rete vi sono anche le cosiddette AI (Artificial Intelligence) in italiano Intelligenza Artificiale.

Il termine AI è abusato: in origine indicava infatti una serie di tecniche di programmazione e ingegneria volte a progettare sistemi hardware e software in grado di simulare il comportamento umano, le sue azioni e reazioni. Alcune correnti filosofiche addirittura ipotizzano che le macchine possano divenire coscienti del proprio agire (teoria dell'*Intelligenza artificiale forte*). Ad eccezione di queste teorie che per il momento non trovano riscontro nella realtà, l'intelligenza artificiale è utilizzata in ambiti molto reali, come ad esempio la medicina, per l'interpretazione delle immagini mediche, l'analisi del suono del cuore, le diagnosi del cancro, la creazione di molecole per nuovi farmaci, ma anche nella logistica e nei trasporti, con le prime automobili a guida autonoma.

Come dicevo, il termine AI è abusato, perché se è vero che nei nostri smartphone ci sono chip sempre più potenti e si stanno diffondendo gli assistenti vocali, è anche vero che spesso le compagnie telefoniche e i produttori di dispositivi non si riferiscono a quest'ultimi ma, ad esempio, ai sensori fotografici che permetterebbero di scattare foto stupende grazie all'Intelligenza Artificiale, o a non meglio precisate caratteristiche interne del sistema operativo.

15.2.1 Quali problematiche potrebbero sollevare queste nuove tecnologie?

Sfortunatamente non è tutto oro quel che luccica.

Da più parti si sono infatti sollevati interrogativi sulle potenziali minacce che queste tecnologie potrebbero comportare.

La salute

Un problema non di poco conto potrebbe essere legato al rapporto tra le nuove reti senza fili e le malattie nell'uomo e negli animali.

Uno studio condotto dall'Istituto Ramazzini di Bologna[35] sulle radiofrequenze ha dimostrato come l'utilizzo frequente di dispositivi emettitori porti ad un'aumentata incidenza di alcune patologie neoplastiche. Lo studio suggerisce, tra le altre cose, di tenere questi dispositivi a una certa distanza dal corpo per ridurre drasticamente l'esposizione alle onde radio.

La privacy

Un altro problema sarebbe legato alla privacy. L'iper-connessione comporta un rischio di centralizzazione: i vari dispositivi domestici vengono infatti collegati a una stessa rete. Nel caso di un attacco mirato su questa, l'attaccante potrebbe prendere il controllo dei dispositivi e degli eventuali dati contenuti in essi.

Ma non è necessario che l'attaccante sia un soggetto attivo, un cosiddetto hacker. L'attacco potrebbe essere causato anche da una cattiva programmazione dei dispositivi stessi.

Mi spiego con un esempio.

Alexa, l'assistente vocale di Amazon, come quello di Google, ascolta e immagazzina tutti gli input vocali che le diamo.

Avete cercato informazioni sul meteo dicendo *"Ehi Alexa, quali sono le previsioni meteo per oggi?"*?

Ebbene, la registrazione è stata immagazzinata con data e ora sui server di Amazon.

Questo è di per sé abbastanza inquietante, ma lo è ancor di più se pensiamo che a un utente Amazon, che, in accordo con l'attuale normativa europea sulla protezione dei dati personali (GDPR), aveva fatto richiesta di ricevere tutti i dati che lo riguardavano e che erano stati collezionati dall'azienda, sono stati recapitate delle registrazioni fatte da Alexa ad un altro utente[36]!

Insomma, esporre la propria vita privata a terzi è sempre qualcosa che va considerato attentamente. Vogliamo davvero essere una casella di un unico grande database aziendale?

15.3   Reti Mesh

Per fortuna non tutte le innovazioni tendono alla centralizzazione dei nostri dati su grandi server che se bucati possono comportare grossi problemi di privacy e sicurezza.

Le reti mesh (in italiano *reti a maglie*) sono dei sistemi di collegamento decentralizzati costituite da un gran numero di nodi che fungono nello stesso momento da ricevitori, trasmettitori e ripetitori.

Perché sono interessanti?

Prendiamo l'esempio di una rete aziendale in cui tutti i computer sono connessi ad un unico grande router. Se questo viene attaccato dall'esterno, tutti i computer vengono esposti all'attaccante, con possibile perdita di dati sensibili.

Con le reti mesh invece è possibile collegare gruppi di computer tra di loro e questi a un nodo, poi questo a un altro nodo, e così via fino ad arrivare alla connessione con il mondo esterno tramite il router.

Se un attaccante viola il router dovrà anche violare i singoli nodi per poter accedere ai dati sensibili conservati sui computer.

Un esempio pratico di rete mesh è data dai contatori elettrici di ultima generazione ma ci sono applicazioni anche in ambito mobile.

Esistono infatti delle aziende che stanno sperimentando il sistema a maglie negli smartphone. La Pundi X[37] con il suo X Phone, infatti, vuole portare il concetto di rete mesh e di blockchain (vedi Appendice 2) nel mondo della telefonia: ogni X Phone è un nodo della rete, ed è dunque allo stesso tempo ricevitore, trasmettitore e ripetitore. Ne consegue che più saranno diffusi questi dispositivi, più grande sarà la rete e di conseguenza non ci sarà più bisogno di un fornitore di servizi di telefonia che ci permetta di chiamare e navigare sul web perché il servizio verrà fornito dagli stessi utenti e a costi nulli o irrisori.

Appendice 1

Bitcoin

Che cos'è?

Bitcoin è un sistema monetario completamente digitale e decentralizzato. È composto principalmente da due elementi: il protocollo, ossia l'insieme di regole e funzionamenti chiamato protocollo Bitcoin, e l'unità monetaria chiamata bitcoin (con la "b" minuscola), che può essere scambiata liberamente tra gli utilizzatori.

Il sistema è decentralizzato perché non esiste emissione delle unità monetarie da parte di un'entità centrale, sia essa uno Stato o una banca, ed è open source: le regole e i funzionamenti del sistema sono frutto di un lavoro di gruppo della community e i codici sono disponibili pubblicamente, al fine di poter essere studiati, verificati, copiati, ecc.

Quali sono le differenze principale tra il Bitcoin e le valute classiche dette FIAT (Euro, Dollaro, Yen, ecc.)?

Valute classiche (FIAT)

- Imposte per legge dello Stato;

- Emesse in parte da una banca centrale, in parte da istituti di credito privati;

- Al 10% circa sotto forma di banconote di carta e monete di metallo, al 90% digitali;

- Emissione inflazionistica: nuove banconote vengono emesse e questo aumenta l'inflazione e quindi il costo della vita. Non rappresentano più una certa quantità d'oro dal 1971 e non esiste un limite fisico alla quantità di valuta "stampabile".

- Unità monetarie divisibili tipicamente per 100 (o per 1000 in ambito finanziario): es. 1 euro = 100 centesimi di euro.

- Soggette a restrizioni ed embarghi.

Bitcoin

- Accettati su base volontaria;

- Emesse dal software che "paga" i minatori, cioè coloro che hanno donato la potenza di calcolo dei propri computer per risolvere complicati calcoli matematici al fine di mantenere in piedi l'intera rete.

- Al 100% digitali;

- Emissione deflazionistica: esiste un numero massimo di bitcoin che verranno messi in circolazione dal software (21 milioni di unità) e non si può andare oltre. Ne consegue che, con l'aumentare del suo utilizzo, il costo della vita tende a scendere. Comportamento simile all'oro.

- Unità monetarie divisibili per 100 milioni: 1 bitcoin = 100000000 di unità di base (dette satoshi).

- Moneta transnazionale, non soggetta a restrizioni.

Appendice 2
Che cos'è la blockchain[38]

Per blockchain si intende generalmente un registro pubblico condiviso e distribuito, ma questa definizione è più adatta al più generico termine Distributed Ledger Tecnology (DLT).

Quindi si può dire che quando i media parlano di blockchain in realtà intendono proprio i DLT.

Si sente sempre più spesso parlare di blockchain: la blockchain per le votazioni, la blockchain per la filiera produttiva, i mille usi della blockchain.

Come se fosse un'entità a sé stante, come se fosse Internet o il Web.

Hanno iniziato a parlarne politici, opinionisti, presentatori tv, e hanno già iniziato a polarizzare l'attenzione del pubblico, come se si trattasse dell'ennesimo strumento politico al servizio di questa o quella campagna elettorale.

Ecco che vi offro il vostro shock quotidiano: "la Blockchain" non esiste.

O meglio, non è ciò che pensate.

Una primissima definizione di blockchain potrebbe essere la seguente: un registro (o lista) distribuito e decentralizzato di dati digitali inseriti rispettando un ordine temporale.

Capirete bene che vi ho detto tutto e niente.

Quali dati? Registro distribuito tra chi? Quanto decentralizzato? Quale ordine temporale e stabilito da chi?

Insomma, una definizione del genere solleva più domande di quante risposte offra.

Fingiamo per un momento di non saperne nulla e di non aver mai sentito il ministro di turno definire la Blockchain come la panacea per tutti i mali della nostra società.

Un registro distribuito.

Il concetto di registro distribuito (in gergo DLT, Distributed Ledger Technology) è molto generico e si riferisce a una tecnologia che permette di immagazzinare dei dati in modo per l'appunto distribuito, evitando la centralizzazione su un unico grande server, che se attaccato potrebbe comportare la caduta dell'intero sistema e la conseguente perdita dei dati stessi.

La tecnologia Distributed Ledger è decentralizzata nella gestione dei dati ma non implica necessariamente la decentralizzazione dell'organizzazione che l'ha adottata o creata.

Un registro distribuito non è dunque per forza blockchain, ma blockchain è un registro distribuito.

Siete confusi? Lo so. Andiamo avanti.

Il concetto di "catena di blocchi" o chain of blocks (successivamente divenuta block chain e poi blockchain), viene introdotto da Satoshi Nakamoto nel 2008, nel suo documento "Bitcoin a peer-to-peer electronic cash system": per far sì che potesse esistere un sistema monetario completamente digitale che non fosse attaccabile da terze parti, quali ad esempio hacker, governi e istituti privati, era necessario trovare un modo di decentralizzare la gestione della rete e l'emissione di unità monetarie. Era altresì necessario che il nuovo sistema non permettesse all'utente di spendere più volte lo stesso denaro, così come non è possibile per una stessa persona pagare due volte di seguito con la stessa banconota.

Ecco dunque l'idea di utilizzare un sistema di validazione delle transazioni a "blocchi"; ogni nuovo blocco contiene un certo numero di transazioni ed è legato al blocco precedente tramite una stringa di dati chiamata hash. Il blocco precedente contiene l'hash che lo collega a quello prima ancora e così via, in una lunga catena che porta direttamente al blocco iniziale, il Genesis Block, da cui è partito tutto.

L'emissione di unità monetarie viene svolta dal software distribuito tra tutti i partecipanti della rete, non da un'entità centrale, e questo "premia" con nuove unità il minatore che ha "chiuso" il nuovo blocco, che ha cioè scoperto la soluzione a un problema matematico di difficile risoluzione ma di facile verifica. Vi consiglio di leggere "Mastering Bitcoin" di Andreas M. Antonopoulos per una comprensione approfondita di questo processo chiamato mining e validazione dei blocchi.

Questo sistema toglie la gestione della rete e l'emissione di unità di moneta dalle mani dell'ente centrale e lo restituisce ai membri della rete stessa.

È stato concepito per questo e svolge bene il suo compito.

Essendo Bitcoin un sistema open source, è possibile utilizzare liberamente il codice non solo per verificarlo e correggerne eventuali bug, ma anche per replicarlo e utilizzarlo per i propri scopi.

Nascono così numerosi cloni e altri progetti alternativi a Bitcoin, che presentano caratteristiche differenti, alcune migliorie, a detta dei creatori, e numerosi compromessi o limiti aggiunti (trade-off): sono le altcoin, ognuna delle quali ha una sua blockchain che segue le regole stabilite dal suo creatore, siano esse simili o differenti a quelle di Bitcoin.

La Blockchain, le blockchain, una blockchain.

Siete ancora più confusi? Lo so. Andiamo avanti.

Abbiamo detto che esiste Bitcoin ed esistono le altcoin. Esiste dunque la blockchain di Bitcoin e le blockchain delle varie altcoin.

Ma se esistono così tante blockchain, si può dire a questo punto che "la Blockchain" non esista. Quanti Internet esistono? Quanti Web utilizziamo?

Se la Blockchain è uno strumento utile in qualche modo, allora deve avere una definizione univoca socialmente accettata.

Ora però sorge un problema: non si è ancora capito quale sia effettivamente l'utilità di questa fantomatica Blockchain con la b maiuscola. La Blockchain è, a questo punto dell'articolo, un'utility indefinita alla ricerca di un problema da risolvere.

Se la Blockchain è un registro distribuito con specifiche caratteristiche che la differenziano da un generico Distributed Ledger, allora dobbiamo comprendere quali siano effettivamente queste caratteristiche per poter dare una definizione che possa essere socialmente accettata; in modo che si possa dire:"La Blockchain è quella roba lì, altrimenti è una di tante blockchain, o è semplicemente un registro distribuito (DLT).".

Partiamo dalla decentralizzazione.

La decentralizzazione nella conservazione e validazione dei dati inseriti su questo registro dovrebbe essere la più alta possibile.

In questo modo il sistema diminuisce le possibilità di un attacco ad esso e la conseguente perdita dei dati memorizzati su di esso.

Come si fa a rendere il più decentralizzato possibile uno strumento informatico?

Fondamentalmente deve essere utile a un numero elevato di persone, deve essere disponibile per il più alto numero di piattaforme e sistemi operativi, deve essere completamente open source, permissionless e guidato dal più ampio consenso, e deve essere il più leggero possibile.

Nel caso della Blockchain, è possibile definire tale un registro che funzioni effettivamente seguendo la logica dei blocchi ma che non sia ad esempio permissionless, ossia non controllata da un'entità centrale?

Stiamo cercando di dare una definizione de "la Blockchain" quindi riprendiamo la definizione generica di blockchain e aggiungiamo quanto chiarito qui sopra: un registro distribuito (con il più alto livello di decentralizzazione possibile) di dati digitali inseriti rispettando un ordine temporale.

Quali dati?

Chi utilizza il termine su cui stiamo ragionando lo fa tipicamente fuori contesto e dunque pensa che su una blockchain possano essere messi tutti i tipi di dati: dalle informazioni personali a quelle sui prodotti, dai risultati di un'elezione agli algoritmi che fanno funzionare un'AI o un'autovettura.

Fondamentalmente una blockchain viene utilizzata per trasportare dei dati riguardanti delle transazioni monetarie. È proprio l'incentivo monetario a far funzionare il sistema, e il più alto incentivo possibile è per l'appunto il bitcoin.

Qual è l'incentivo che vi farebbe installare sul vostro PC un programma utile a far funzionare una rete decentralizzata se non quello monetario? Sicuramente c'è chi sarebbe disposto a tenere in piedi una rete decentralizzata per interesse accademico o civile, nell'ipotesi che esistesse una rete decentralizzata per la ricerca scientifica o per il voto elettronico, ma il numero di partecipanti (anche detti "nodi") sarebbe decisamente minore di quello che tiene in piedi Bitcoin.

Il fatto che i dati siano le informazioni sulle transazioni implica che non sia possibile utilizzare questo registro anche per altro?

Assolutamente no. Possiamo inserire delle informazioni (limitate) all'interno delle transazioni che effettuiamo ma non possiamo fare il contrario: non possiamo spostare altri dati e dunque informazioni su una blockchain senza effettuare transazioni monetarie. Se vogliamo farlo abbiamo altri strumenti informatici decisamente più efficienti e meno costosi o addirittura gratuiti.

Riprendiamo di nuovo la definizione generica di blockchain e aggiungiamo quanto chiarito qui sopra: un registro distribuito (con il più alto livello di decentralizzazione possibile) di dati digitali relativi a delle transazioni monetarie inseriti rispettando un ordine temporale.

Qualora un domani si scoprisse un incentivo diverso da quello monetario sarà possibile, anzi doveroso, rivedere questa definizione, ma fino ad allora teniamola per buona.

Perché abbiamo bisogno di inserire dei dati su un sistema decentralizzato?

In estrema sintesi, per sicurezza: sicurezza di conservazione, di non manomissione e di non censura.

Non per far raggiungere quel dato al suo destinatario nel più breve tempo possibile.

In secondo luogo per ridurre i costi: tenere in piedi dei server distribuiti per la memorizzazione ha dei costi più ampi dello sfruttare una rete decentralizzata già esistente e più sicura.

Se vi ricordate abbiamo detto che, per garantire il più alto livello di decentralizzazione, è necessario tra le altre cose che il registro sia il più leggero possibile: ne consegue che i dati che potremmo inserire su "la Blockchain" saranno relativamente pochi rispetto ad altri registri distribuiti ma non molto decentralizzati.

Quindi pochi dati, ma essenziali, ad un prezzo, ma minore di quello di una generica rete distribuita.

Ma che cosa dà sicurezza al sistema se non la potenza di calcolo impiegata dai minatori per ottenere una ricompensa (prova di lavoro, dall'inglese Proof of Work)?

Abbiamo già tutto, dobbiamo solo avere il coraggio di dirlo.

Riprendiamo un'ultima volta la definizione generica di blockchain finora data per capire, una volta per tutte, che cosa sia "la Blockchain":

un registro distribuito e decentralizzato, con il più alto livello di decentralizzazione possibile, di transazioni bitcoin, inserite in blocchi rispettando un ordine temporale in cui l'ultimo blocco "chiuso" dal minatore "vincente" viene memorizzato dopo il blocco chiuso dal precedente minatore.

In poche parole la Blockchain è il registro dei blocchi validati del protocollo Bitcoin.

Senza Bitcoin, la Blockchain, intesa come definizione standard, non ha senso di esistere. Il perché è presto detto: non esiste attualmente un sistema che possa garantire la più ampia e tanto agognata decentralizzazione che non sia Bitcoin.

Bitcoin è il sistema monetario digitale più decentralizzato in assoluto, governato dal consenso (permissionless) e mantenuto in piedi dalla più alta prova di lavoro.

Quindi, la prossima volta che sentirete qualcuno, che sia il vostro panettiere o il vostro ministro del lavoro, parlare de "la Blockchain", domandategli che cosa intenda esattamente, per capire se si tratta della stessa cosa che intendete voi. Dopotutto anche una definizione dovrebbe essere guidata dal consenso per essere socialmente accettata, giusto?

Glossario

Blogger: creatore di contenuti che utilizza una piattaforma web detta blog.

Browser: applicazione che ci permette di navigare sul web. Sul tuo smartphone potrebbe essere chiamata generalmente "Internet" oppure potresti trovare uno dei browser più diffusi già preinstallato, come ad es. Chrome o Opera.

Bug: in informatica rappresenta un errore di programmazione. Questo errore ha conseguenze più o meno gravi che possono andare da semplici malfunzionamenti a veri e propri brecce nella sicurezza del sistema informatico.

Cloud: il cloud, in italiano "nuvola", indica una serie di servizi forniti all'utente tramite Internet. L'uso più diffuso del termine riguarda l'archiviazione, che anziché essere nel dispositivo dell'utente, risiede su uno o più server della compagnia che fornisce il servizio. Esempi di archiviazione in cloud sono Dropbox, One Drive, Google Drive.

Copyright: termine che indica il diritto d'autore e l'insieme di normative che lo riguardano.

Criptovaluta: una moneta digitale alternativa a Bitcoin. Esistono migliaia di criptovalute, definite anche altcoin (alternative coin), e ognuna di esse ha le sue regole, differenti dal protocollo Bitcoin.

Follower: un follower è un utente che segue le attività di un altro utente sui social network. Il termine è stato introdotto da Twitter e sulla piattaforma è opposto a following, ossia coloro che il follower segue. Viene spesso associato al termine "fan" ma sul web non sempre chi segue qualcuno ne apprezza i contenuti.

gif: un formato file che supporta le immagini in movimento.

Gigabyte (GB): il Gigabyte, ossia 1 miliardo di byte, è un termine usato per rappresentare una quantità di dati informatici, da non confondere con il Gigabit, 1 miliardo di bit, solitamente utilizzato dagli operatori telefonici per rappresentare la velocità di una connessione (in Gb al secondo, o Gb/s o ancora Gbps). 1 Gigabyte equivale a 8 Gigabit. 1 Gigabyte equivale a 1000 Megabyte che a loro volta equivalgono a 1000000 (1 milione) di Kilobyte e questi a 1 miliardo di byte. I più diffusi termini di misura della memoria in ambito consumer (noi utenti finali) sono: Byte, Kilobyte (x1000), Megabyte (x 1 milione), Gigabyte (x 1 miliardo), Terabyte (x 1000 miliardi).

GPS: un sistema di posizionamento globale che sfrutta dei satelliti in orbita per fornire informazioni a un dispositivo che ne è dotato. Il sistema GPS viene usato da Google Maps e da altre app per navigare l'utente presso destinazioni da lui specificate.

Hacker: in italiano "pirata informatico", è un esperto di informatica, programmazione, sistemi e sicurezza informatica, in grado di introdursi e/o violare senza autorizzazione reti di computer. Si distingue in "Black hat hacker", ossia l'hacker con intenti criminali, e "White hat hacker" il cui scopo è aiutare i proprietari del sistema a prendere coscienza di un problema nel sistema stesso.

Hater: una persona che, soprattutto sul web, esprime odio verso un'altra. Spesso l'hater è anche follower della persona presa di mira.

Influencer: una persona che ha un grosso seguito sui social media e che, attraverso il suo comportamento, le sue opinioni o il suo modo di vestirsi, riesce a influenzare il suo pubblico. Vengono spesso contattati dal reparto marketing delle aziende per pubblicizzare un loro prodotto.

IP: protocollo di rete su cui si basa il funzionamento di Internet. Attraverso un numero, ad es. 192.168.1.1, si identifica una specifica risorsa sulla rete Internet o su una rete privata.

Multitasking: il multitasking permette di eseguire più programmi contemporaneamente. Su smartphone la funzione può avere un tasto dedicato che, se cliccato, permette di vedere le applicazioni rimaste aperte, raggiungerne una con un click sulla sua anteprima, chiuderla o terminare tutte quante le app in esecuzione in una sola volta premendo un'icona specifica (solitamente una X o il simbolo del cestino).

Pop-up: elementi, tipicamente finestre, che compaiono automaticamente durante la navigazione sul web. Spesso vengono considerati di disturbo perché contengono pubblicità anche molto invasiva. I più comuni pop-up vengono bloccati dai browser ma ci sono anche alcuni pop-up in grado di resistere al blocco.

Post: un post o pubblicazione è un messaggio (testuale, visivo, audio) che viene inviato in uno spazio digitale. Un esempio di post è dato dalle pubblicazioni su Facebook e Instagram o su un blog personale.

Processore (CPU): la CPU è l'unità di calcolo del dispositivo, adibita al controllo di gran parte delle funzioni.

Provider: un service provider è un'azienda che fornisce un servizio. In ambito smartphone abbiamo a che fare di solito con un Internet provider per la connessione Wi-Fi e con un provider telefonico per i servizi mobili.

QR code: un codice QR è simile a un codice a barre ma è a forma quadrata. All'interno di questo codice possono essere inserite delle informazioni che vengono lette da applicazioni specifiche installabili sullo smartphone. Le informazioni inserite possono essere di varia natura, dagli indirizzi web alle informazioni di contatto, dalle informazioni su un prodotto a semplici stringhe di testo alfanumeriche.

Roaming: per roaming si intende la possibilità data dagli operatori di telefonia mobile di effettuare chiamate, ricevere messaggi e navigare su Internet utilizzando una rete non di proprietà dell'operatore. Se ad esempio ci rechiamo all'estero, pur non avendo la copertura del nostro operatore di rete, potremo lo stesso chiamare utilizzando un provider del posto, pagando una tariffa maggiorata, a meno di eventuali accordi tra i due operatori che permettano di spendere la cifra che siamo soliti pagare in Italia.

Router: dispositivo di rete che permette di connetterci a Internet.

Scam: termine generico che indica una truffa. Sotto questo termine vengono raccolti tutti i tipi di truffa informatica.

Spam: messaggi indesiderati, tipicamente inviati per posta elettronica. Le mail contenenti spam vengono tipicamente dette "mail spazzatura".

Spyware: un software che raccoglie informazioni riguardanti l'attività di un utente (siti visitati, acquisti eseguiti in rete, ecc.) senza il suo consenso. Non sempre viene rilevato come virus.

Trojan Horse: in italiano "cavallo di Troia", svolge una funzione simile al suo omonimo mitologico; si nasconde all'interno di programmi apparentemente innocui e installa una breccia nel sistema, tramite la quale altri programmi dannosi possono entrare.

URL: indirizzo di una risorsa disponibile su Internet. Può essere sotto forma di numeri (ad es. IP) o stringhe alfanumeriche (ad es. https://www.google.it)

Virus: un software nocivo che infetta i sistemi informatici con lo scopo di replicarsi e diffondersi.

Worm: simile a un virus, ma a differenza di questo non ha necessità di legarsi ad altri software per essere trasportato o replicarsi.

Sitografia

---

[1]http://www.digitalic.it/wp/tecnologia/hardware/si-chiamava-simon-il-primo-smartphone-al-mondo/97201

[2] https://support.google.com/googleplay/answer/4646404?co=GENIE.Platform%3DAndroid&hl=it

[3] https://www.key4biz.it/SMS-whatsapp-e-skype-ne-segnano-la-fine/145008/

[4] http://www.ilsole24ore.com/art/tecnologie/2016-12-28/ecco-come-whatsapp-ha-seppellito-SMS-75percento-cinque-anni-195909.shtml?uuid=ADnEyxLC

[5] https://it.wikipedia.org/wiki/Servizio_di_rete_sociale

[6] https://www.facebook.com/zuck/posts/10102329188394581

[7] https://www.commissariatodips.it/approfondimenti/pedofilia-online.html

[8] https://it.wikipedia.org/wiki/Verifica_dei_fatti

[9] http://www.varesenews.it/2012/11/la-cultura-della-verifica-dei-fatti-e-rivoluzionaria/74800/

[10] http://www.primaonline.it/2016/07/15/240927

[11] *http://www.audiweb.it/dati_it/total-digital-audience_it*

[12] http://www.bufale.net/home/the-black-list-la-lista-nera-del-web/

[13] http://www.butac.it/the-black-list/

[14] http://www.ilfattoquotidaino.it/governo-shock-non-ci-saranno-elezioni-anticipate-al-2020/

[15]
http://www.wired.it/attualita/media/2016/12/15/perche-gentiloni-bufale/

[16] www.ilfattoquotidaino.it/governo-shock-non-ci-saranno-elezioni-anticipate-al-2020/

[17] http://www.treccani.it/vocabolario/demanio/

[18]
http://www.ilmessaggero.it/tecnologia/hitech/facebook_wall_street_300_miliardi_dollari-1339481.html

[19] http://quotes.wsj.com/FB

[20] https://www.youtube.com/yt/press/en-GB/statistics.html

[21] http://www.nowtv.it/

[22] https://www.netflix.com/it/

[23] https://www.primevideo.com/

[24] http://www.interlex.it/testi/l41_633.htm

[25] http://www.normattiva.it/uri-res/N2Ls?urn:nir:stato:decreto.legislativo:2003-06-30;196!vig

[26] http://www.fotostreet.it/fotografia-strada-legge-italiana

[27] http://www.fotografi.org/privacy/adempimenti.htm

[28] http://www.interlex.it/testi/l41_633.htm

[29] https://it.wikipedia.org/wiki/Diritto_della_fotografia#La_tutela_della_privacy

[30] http://www.dirittierisposte.it/Schede/Tutela-della-privacy/Diritti/la_privacy_nei_social_media_id1129494_art.aspx

[31] http://techterms.com/definition/malware

[32] http://www.ilsoftware.it/articoli.asp?tag=Antivirus-su-smartphone-e-davvero-necessario_10631

33
https://support.google.com/websearch/answer/6031948
?co=GENIE.Platform%3DAndroid&hl=it

34 https://www.istat.it/it/files/2018/07/Incidenti-
stradali_2017.pdf

35 https://www.ramazzini.org/comunicato/ripetitori-
telefonia-mobile-listituto-ramazzini-comunica-gli-esiti-
del-suo-studio/

36
https://www.theverge.com/2018/12/20/18150531/amaz
on-alexa-voice-recordings-wrong-user-gdpr-privacy-ai

37 https://pundix.com

38 https://davidcoen.it/la-blockchain-non-esiste/

www.ingramcontent.com/pod-product-compliance
Lightning Source LLC
Chambersburg PA
CBHW070759240726
48654CB00007B/137